Der Mann, der am Donnerstag

ein Albtraum war

GK Chesterton

Writat

Cette édition parue en 2024

ISBN : 9789359949154

Publié par
Writat
email : info@writat.com

Inhalt

Der Mann, der am Donnerstag
ein Albtraum war

An Edmund Clerihew Bentley

Eine Wolke hing über den Gedanken der Menschen, und das Wetter
jammerte,
ja, eine kranke Wolke über der Seele, als wir zusammen Jungen waren. Die
Wissenschaft verkündete das Nichts und die Kunst bewunderte den
Verfall; die Welt war alt und untergegangen: aber du und ich waren fröhlich
„Um uns herum in scherzhafter Reihenfolge kamen ihre verkrüppelten
Laster – Lust, die ihr Lachen verloren hatte, Angst, die ihre Scham verloren
hatte. Wie die weiße Locke von Whistler, die unsere ziellose Dunkelheit
erleuchtete, zeigten die Menschen ihre eigene weiße Feder so stolz wie ein
Federbusch. Das Leben war eine Fliege, die verblasste, und der Tod ein
stechendes Dröhnen. Die Welt war in der Tat sehr alt, als du und ich jung
waren. Sie haben sogar anständige Sünde in Formen verwandelt, die nicht
genannt werden können: Die Menschen schämten sich der Ehre ; aber wir
schämten uns nicht.
Schwach und töricht, wenn wir wären, nicht so haben wir versagt, nicht so.
Als dieser schwarze Baal die Himmel versperrte, hatte er keine Hymnen
von uns. Kinder, wir waren – unsere Festungen aus Sand waren genauso
schwach wie wir. So hoch sie auch gingen, häuften wir sie auf um dieses
bittere Meer zu brechen. So dumm wir auch waren, bunt gemischt, alle
klingelnd und absurd, Als alle Kirchenglocken still waren, waren unsere
Mützen und Glocken zu hören.

Nicht ganz ohne Hilfe hielten wir die Stellung, unsere kleinen Flaggen
entfaltet;
Einige Riesen arbeiteten in dieser Wolke, um sie von der Welt zu heben.
Ich finde das Buch wieder, das wir gefunden haben, ich fühle die Stunde,
die weit aus dem fischförmigen Paumanok einen Schrei nach saubereren
Dingen schleudert;
Und die grüne Nelke verdorrte, wie bei Waldbränden, die vorübergehen,
und brüllte im Wind von zehn Millionen Grasblättern auf der ganzen Welt;
oder gesund und süß und plötzlich, wie ein Vogel im Regen singt –
Wahrheit sprach aus Tusitala und Freude daraus Schmerz.
Ja, kühl und klar und plötzlich, wie ein Vogel im Grau singt, sprach
Dunedin nach Samoa und Dunkelheit bis zum Tag. Aber wir waren jung;
Wir haben erlebt, wie Gott ihre bitteren Reize gebrochen hat. Gott und die
gute Republik kommen mit Waffen zurückgeritten: Wir haben die Stadt der
Menschenseele gesehen , als sie schaukelte, erleichtert –

Gesegnet sind diejenigen, die nichts sahen, aber blind waren und glaubten.

Dies ist eine Geschichte über diese alten Ängste, sogar über diese leeren
Höllen, und niemand außer Ihnen wird die wahre Geschichte verstehen,
die sie erzählt – von den kolossalen Göttern der Schande, die Menschen
einschüchtern und dennoch abstürzen könnten,
von den riesigen Teufeln, die die Sterne noch verbergen fiel durch einen
Pistolenblitz.
Die Zweifel, denen man so leicht nachjagen und denen man so schrecklich
standhalten konnte – Oh, wer außer dir wird das verstehen; Ja, wer soll das
verstehen? Die Zweifel, die uns durch die Nacht trieben, als wir beide
redeten, blieben bestehen ,
und der Tag war auf den Straßen angebrochen, bevor er über das Gehirn
hereinbrach. Unter uns kann durch den Frieden Gottes diese Wahrheit
jetzt sein erzählt: Ja, es liegt Kraft darin, Wurzeln zu schlagen, und gut
darin, alt zu werden. Wir haben endlich gemeinsame Dinge gefunden und
die Ehe und ein Glaubensbekenntnis. Und ich kann es jetzt sicher
schreiben, und Sie können es sicher lesen.

GKC

KAPITEL I.
DIE ZWEI DICHTER VON SAFFRON PARK

Der Vorort Saffron Park lag auf der Sonnenuntergangsseite Londons, so rot und zerlumpt wie eine Sonnenuntergangswolke. Es wurde durchgehend aus hellem Ziegelstein gebaut; Die Skyline war fantastisch und selbst der Grundriss war wild. Es war der Ausbruch eines spekulativen Baumeisters mit leichtem Kunstgeschmack gewesen, der seine Architektur mal elisabethanisch und mal Queen Anne genannt hatte, offenbar unter dem Eindruck, dass die beiden Herrscher identisch seien. Es wurde mit einigem Recht als Künstlerkolonie beschrieben, obwohl es nie in irgendeiner definierbaren Weise Kunst hervorbrachte. Doch obwohl der Anspruch, ein intellektuelles Zentrum zu sein, etwas vage war, war sein Anspruch, ein angenehmer Ort zu sein, unbestreitbar. Der Fremde, der zum ersten Mal die malerischen roten Häuser betrachtete, konnte nur darüber nachdenken, wie seltsam geformt die Menschen sein mussten, die in sie hineinpassten. Auch als er die Menschen traf, war er in dieser Hinsicht nicht enttäuscht. Der Ort war nicht nur angenehm, sondern auch perfekt, wenn er ihn einmal nicht als Täuschung, sondern eher als Traum betrachten konnte. Auch wenn die Menschen keine „Künstler" waren, war das Ganze dennoch künstlerisch. Dieser junge Mann mit dem langen, kastanienbraunen Haar und dem frechen Gesicht – dieser junge Mann war nicht wirklich ein Dichter; aber sicherlich war er ein Gedicht. Dieser alte Herr mit dem wilden, weißen Bart und dem wilden, weißen Hut – dieser ehrwürdige Humbug war nicht wirklich ein Philosoph; aber zumindest war er die Ursache der Philosophie in anderen. Dieser wissenschaftliche Herr mit dem kahlen, eiförmigen Kopf und dem nackten, vogelähnlichen Hals hatte kein wirkliches Recht auf die Allüren der Wissenschaft, die er annahm. Er hatte in der Biologie nichts Neues entdeckt; Aber welches biologische Wesen hätte er einzigartiger entdecken können als sich selbst? So und nur so musste der ganze Ort richtig betrachtet werden; Es musste weniger als eine Werkstatt für Künstler betrachtet werden, sondern als ein zerbrechliches, aber vollendetes Kunstwerk. Ein Mann, der in die gesellschaftliche Atmosphäre eintrat, hatte das Gefühl, als wäre er in eine geschriebene Komödie geraten.

Diese verlockende Unwirklichkeit befiel sie besonders bei Einbruch der Dunkelheit, als die extravaganten Dächer sich dunkel vom Nachglühen abhoben und das ganze verrückte Dorf so getrennt wirkte wie eine dahinziehende Wolke. Dies galt noch stärker für die vielen Nächte lokaler Feste, in denen die kleinen Gärten oft beleuchtet waren und die großen chinesischen Laternen in den Zwergbäumen wie wilde und monströse Früchte leuchteten. Und das war an einem bestimmten Abend am stärksten, an den man sich in der Gegend, deren Held der kastanienbraune Dichter war, noch immer vage erinnert. Es war keineswegs der einzige Abend, dessen Held er war. An vielen Abenden hörten diejenigen, die in seinem kleinen Garten vorbeikamen, seine hohe, belehrende Stimme, wie er den Männern und insbesondere den Frauen das Gesetz verkündete. Die Haltung der Frauen in solchen Fällen war tatsächlich eines der Paradoxe des Ortes. Die meisten Frauen gehörten zu der Sorte, die man vage als emanzipiert bezeichnete, und erklärten, sie protestierten gegen die Vorherrschaft der Männer. Doch diese neuen Frauen würden einem Mann immer das übertriebene Kompliment machen, das keine gewöhnliche Frau ihm jemals macht, nämlich ihm zuzuhören, während er redet. Und Mr. Lucian Gregory, der rothaarige Dichter, war wirklich (in gewisser Weise) ein Mann, dem man zuhören sollte, auch wenn man am Ende nur lachte. Er brachte den alten Spruch von der Gesetzlosigkeit der Kunst und der Kunst der Gesetzlosigkeit mit einer gewissen frechen Frische auf den Punkt, die zumindest für einen Moment Freude bereitete. Dabei half ihm bis zu einem gewissen Grad die verblüffende Eigentümlichkeit seines Aussehens, an der er, wie man so schön sagt, mit aller Kraft arbeitete. Sein dunkelrotes Haar, das in der Mitte gescheitelt war, ähnelte im wahrsten Sinne des Wortes dem einer Frau und war in einem präraffaelitischen Bild zu den langsamen Locken einer Jungfrau geschwungen. Aus diesem fast heiligen Oval ragte sein Gesicht jedoch plötzlich breit und brutal hervor, das Kinn mit einem Ausdruck von Cockney-Verachtung nach vorne gezogen. Diese Kombination kitzelte und erschreckte gleichzeitig die Nerven einer neurotischen Bevölkerung. Er wirkte wie eine wandelnde Gotteslästerung, eine Mischung aus Engel und Affe.

Dieser besondere Abend wird, wenn man ihn aus keinem anderen Grund in Erinnerung hat, an diesem Ort wegen seines seltsamen Sonnenuntergangs in Erinnerung bleiben. Es sah aus wie das Ende der Welt. Der ganze Himmel schien mit einem ganz lebendigen und greifbaren Gefieder bedeckt zu sein; man konnte nur sagen, dass der Himmel voller Federn war, und zwar von Federn, die fast das Gesicht berührten. Im größten Teil der Kuppel waren sie grau, mit den seltsamsten Schattierungen von Violett und Lila und einem unnatürlichen Rosa oder Blassgrün; aber nach Westen hin wuchs das Ganze unbeschreiblich, durchsichtig und leidenschaftlich, und die letzten glühenden Wolken bedeckten die Sonne wie etwas, das zu schön war, um gesehen zu werden. Das Ganze war der Erde so nahe, dass es nichts als eine gewaltsame Geheimhaltung ausdrückte. Der Himmel selbst schien ein Geheimnis zu sein. Es drückte die großartige Kleinheit aus, die die Seele des Lokalpatriotismus ist. Der Himmel schien klein zu sein.

Ich sage, dass es einige Einwohner gibt, die sich vielleicht nur an den drückenden Himmel an den Abend erinnern. Es gibt andere, die sich vielleicht daran erinnern, weil es den ersten Auftritt an der Stelle des zweiten

Dichters von Saffron Park markierte. Der rothaarige Revolutionär hatte lange Zeit ohne Rivalen regiert; In der Nacht des Sonnenuntergangs endete seine Einsamkeit plötzlich. Der neue Dichter, der sich mit dem Namen Gabriel Syme vorstellte, war ein sehr mild aussehender Sterblicher mit einem blonden, spitzen Bart und schwachem, gelbem Haar. Aber es wuchs der Eindruck, dass er weniger sanftmütig war, als er aussah. Er signalisierte seinen Eintritt, indem er mit dem etablierten Dichter Gregory über die gesamte Natur der Poesie anderer Meinung war. Er sagte, er (Syme) sei ein Dichter des Rechts, ein Dichter der Ordnung; nein, er sagte, er sei ein angesehener Dichter. Also sahen ihn alle Saffron Parkers an, als wäre er in diesem Moment von diesem unmöglichen Himmel gefallen.

Tatsächlich hat Herr Lucian Gregory, der anarchische Dichter, die beiden Ereignisse miteinander verbunden.

„Es kann durchaus sein", sagte er in seiner plötzlichen lyrischen Art, „es kann durchaus sein, dass in einer solchen Nacht voller Wolken und grausamer Farben ein solches Vorzeichen wie ein angesehener Dichter auf die Erde gebracht wird." Sie sagen, Sie seien ein Dichter des Rechts; Ich sage, Sie sind ein Widerspruch in sich. Ich wundere mich nur, dass es in der Nacht, in der du in diesem Garten erschienst, keine Kometen und Erdbeben gab."

Der Mann mit den sanftmütigen blauen Augen und dem blassen, spitzen Bart ertrug diese Donnerschläge mit einer gewissen unterwürfigen Feierlichkeit. Die Dritte in der Gruppe, Gregorys Schwester Rosamond, die die roten Zöpfe ihres Bruders trug, darunter aber ein freundlicheres Gesicht, lachte mit einer Mischung aus Bewunderung und Missbilligung, wie sie es gewöhnlich dem Familienorakel gegenüber tat.

Gregory fuhr mit rednerischer und guter Laune fort .

„Ein Künstler ist identisch mit einem Anarchisten", rief er. „Sie könnten die Wörter überall transponieren. Ein Anarchist ist ein Künstler. Der Mann, der eine Bombe wirft, ist ein Künstler, weil ihm der große Moment wichtiger ist als alles. Er sieht, wie viel wertvoller ein gleißender Lichtstrahl, ein vollkommener Donnerschlag ist, als die bloßen gewöhnlichen Körper einiger formloser Polizisten. Ein Künstler missachtet alle Regierungen, schafft alle Konventionen ab. Der Dichter hat nur Freude an der Unordnung. Wenn dem nicht so wäre, wäre die U-Bahn das poetischste Ding der Welt."

„So ist es", sagte Herr Syme.

"Unsinn!" sagte Gregory, der sehr rational war, wenn jemand anderes Paradoxe versuchte. „Warum sehen alle Beamten und Navigatoren in den Eisenbahnzügen so traurig und müde aus, so sehr traurig und müde? Ich werde es dir sagen. Das liegt daran, dass sie wissen, dass der Zug richtig fährt.

Das liegt daran, dass sie wissen, dass sie jeden Ort, für den sie eine Fahrkarte genommen haben, erreichen werden. Denn nachdem sie den Sloane Square passiert haben , wissen sie, dass die nächste Station Victoria sein muss und nichts als Victoria. Oh, ihre wilde Verzückung! Oh, ihre Augen wie Sterne und ihre Seelen wieder in Eden, wenn die nächste Station unerklärlicherweise Baker Street wäre!"

„Sie sind es, die unpoetisch sind", antwortete der Dichter Syme. „Wenn das, was Sie über Angestellte sagen, wahr ist, können sie nur so prosaisch sein wie Ihre Poesie. Das Seltene und Seltsame ist, ins Schwarze zu treffen; Das Grobe und Offensichtliche ist, es zu verpassen. Wir empfinden es als episch, wenn ein Mensch mit einem wilden Pfeil einen entfernten Vogel trifft. Ist es nicht auch episch, wenn ein Mensch mit einer wilden Lokomotive eine entfernte Station angreift? Chaos ist langweilig; denn im Chaos könnte der Zug tatsächlich überall hinfahren, zur Baker Street oder nach Bagdad. Aber der Mensch ist ein Zauberer, und seine ganze Magie liegt darin, dass er Victoria sagt, und siehe da! es ist Victoria. Nein, nehmen Sie Ihre Bücher mit reiner Poesie und Prosa; Lassen Sie mich mit Tränen des Stolzes einen Zeitplan lesen. Nehmen Sie Ihren Byron, der an die Niederlagen der Menschheit erinnert; Gib mir Bradshaw, der seiner Siege gedenkt. Gib mir Bradshaw, sage ich!"

„Musst du gehen?" fragte Gregory sarkastisch.

„Ich sage Ihnen ", fuhr Syme leidenschaftlich fort, „dass ich jedes Mal, wenn ein Zug ankommt, das Gefühl habe, dass er die Belagerungsbatterien hinter sich gelassen hat und dass der Mann den Kampf gegen das Chaos gewonnen hat." Sie sagen verächtlich, dass man, wenn man den Sloane Square verlassen hat, nach Victoria kommen muss. Ich sage, dass man stattdessen tausend Dinge tun könnte und dass ich jedes Mal, wenn ich wirklich dorthin komme , das Gefühl habe, um Haaresbreite davonzukommen. Und wenn ich den Wachmann das Wort „Victoria" rufen höre, ist das kein bedeutungsloses Wort. Für mich ist es der Schrei eines Herolds, der die Eroberung ankündigt. Für mich ist es tatsächlich „Victoria"; es ist der Sieg Adams."

Gregory wedelte mit einem langsamen und traurigen Lächeln mit seinem schweren, roten Kopf.

„Und selbst dann", sagte er, „stellen wir Dichter immer die Frage: ‚Und was ist Victoria jetzt, wo Sie dort angekommen sind?' Sie denken, Victoria sei wie das neue Jerusalem. Wir wissen, dass das Neue Jerusalem nur wie Victoria sein wird. Ja, der Dichter wird selbst auf den Straßen des Himmels unzufrieden sein. Der Dichter ist immer in Aufruhr."

„Noch einmal“, sagte Syme gereizt, „was ist denn so poetisch daran, in einer Revolte zu sein? Man könnte genauso gut sagen, dass es poetisch ist, seekrank zu sein. Krank sein ist eine Revolte. Sowohl krank zu sein als auch rebellisch zu sein kann in bestimmten verzweifelten Situationen heilsam sein; aber ich bin gehängt, wenn ich verstehen kann, warum sie poetisch sind. Revolte im Abstrakten ist – abscheulich. Es ist bloßes Erbrechen.“

Das Mädchen zuckte bei dem unangenehmen Wort kurz zusammen, aber Syme war zu heiß, um auf sie zu hören.

„Es läuft alles gut“, rief er, „das ist poetisch! Unsere Verdauungen zum Beispiel, die heilig und stillschweigend richtig ablaufen, sind die Grundlage aller Poesie. Ja, das Poetischste auf der Welt, poetischer als die Blumen, poetischer als die Sterne – das Poetischste auf der Welt ist, nicht krank zu sein.“

„Wirklich“, sagte Gregory hochnäsig, „die Beispiele, die Sie wählen –“

„Ich bitte um Verzeihung“, sagte Syme grimmig, „ich habe vergessen, dass wir alle Konventionen abgeschafft hatten.“

Zum ersten Mal erschien ein roter Fleck auf Gregorys Stirn.

„Sie erwarten von mir nicht“, sagte er, „dass ich auf diesem Rasen die Gesellschaft revolutioniere ?“

Syme sah ihm direkt in die Augen und lächelte süß.

„Nein, das tue ich nicht“, sagte er; „Aber ich nehme an, wenn Sie es mit Ihrem Anarchismus ernst meinen würden, würden Sie genau das tun.“

Gregorys große Stieraugen blinzelten plötzlich wie die eines wütenden Löwen, und man konnte fast meinen, dass sich seine rote Mähne hob.

„Glauben Sie denn nicht“, sagte er mit gefährlicher Stimme, „dass ich es mit meinem Anarchismus ernst meine?“

"Wie bitte?" sagte Syme.

„Meine ich es nicht ernst mit meinem Anarchismus?“ rief Gregory mit geballten Fäusten.

"Mein Lieber Gefährte!" sagte Syme und schlenderte davon.

Überrascht, aber auch mit seltsamer Freude stellte er fest, dass Rosamond Gregory immer noch in seiner Gesellschaft war.

"Herr. Syme“, sagte sie, „meinen die Leute, die so reden wie du und mein Bruder, oft auch so, wie sie sagen? Meinst du das, was du jetzt sagst?“

Syme lächelte.

"Tust du?" er hat gefragt.

"Wie meinst du das?" fragte das Mädchen mit ernstem Blick.

„Meine liebe Miss Gregory", sagte Syme sanft, „es gibt viele Arten von Aufrichtigkeit und Unaufrichtigkeit. Wenn Sie „Danke" für das Salz sagen, meinen Sie das auch so? Nein. Wenn Sie sagen: „Die Welt ist rund", meinen Sie dann, was Sie sagen? Nein. Es ist wahr, aber du meinst es nicht so. Nun, manchmal findet ein Mann wie Ihr Bruder wirklich heraus, was er wirklich meint. Es mag nur eine Halbwahrheit, eine Viertelwahrheit, eine Zehntelwahrheit sein; aber dann sagt er mehr, als er meint – aus purer Kraft seiner Bedeutung."

Sie blickte ihn unter hochgezogenen Brauen an; Ihr Gesicht war ernst und offen, und darauf war der Schatten jener unvernünftigen Verantwortung gefallen, die der leichtsinnigsten Frau zugrunde liegt, der mütterlichen Wachsamkeit, die so alt ist wie die Welt.

„Ist er dann wirklich ein Anarchist?" Sie fragte.

„Nur in diesem Sinne spreche ich", antwortete Syme; „Oder wenn Sie es vorziehen, in diesem Unsinn."

Sie zog ihre breiten Brauen zusammen und sagte plötzlich:

„Er würde nicht wirklich Bomben oder so etwas benutzen?"

Syme brach in ein lautes Lachen aus, das für seine schlanke und etwas schicke Figur zu laut schien.

„Mein Gott, nein!" Er sagte: „Das muss anonym erfolgen."

Und dabei verzogen sich ihre eigenen Mundwinkel zu einem Lächeln, und sie dachte mit gleichzeitiger Freude an Gregorys Absurdität und an seine Sicherheit.

Syme schlenderte mit ihr zu einem Platz in der Ecke des Gartens und äußerte weiterhin seine Meinung. Denn er war ein aufrichtiger Mann und trotz seiner oberflächlichen Allüren und Anmut im Grunde ein bescheidener Mensch. Und es ist immer der bescheidene Mann, der zu viel redet; Der stolze Mann beobachtet sich zu genau. Er verteidigte die Seriosität mit Gewalt und Übertreibung. Er lobte immer mehr Sauberkeit und Anstand. Die ganze Zeit über roch es um ihn herum nach Flieder. Einmal hörte er ganz leise in einer fernen Straße eine Drehorgel zu spielen beginnen, und es kam ihm vor, als bewegten sich seine heroischen Worte zu einer winzigen Melodie aus der Unterwelt oder jenseits der Welt.

Er starrte und redete scheinbar ein paar Minuten lang auf die roten Haare und das amüsierte Gesicht des Mädchens. und dann stand er auf, weil er das

Gefühl hatte, dass sich die Gruppen an einem solchen Ort vermischen sollten. Zu seinem Erstaunen stellte er fest, dass der ganze Garten leer war. Alle waren schon vor langer Zeit gegangen, und er selbst ging mit einer ziemlich hastigen Entschuldigung. Er ging mit einem Gefühl von Champagner im Kopf, das er sich hinterher nicht erklären konnte. An den wilden Ereignissen, die folgen sollten, hatte dieses Mädchen überhaupt keinen Anteil; er sah sie nie wieder, bis seine ganze Geschichte zu Ende war. Und doch tauchte sie auf unbeschreibliche Weise wie ein Motiv in der Musik bei all seinen verrückten Abenteuern danach immer wieder auf, und der Glanz ihres seltsamen Haares verlief wie ein roter Faden durch diese dunklen und schlecht gezeichneten Wandteppiche der Nacht. Denn was folgte, war so unwahrscheinlich, dass es durchaus ein Traum hätte sein können.

Als Syme auf die sternenklare Straße hinausging, fand er sie zunächst leer vor. Dann wurde ihm (auf seltsame Weise) klar , dass die Stille eher eine lebendige als eine tote Stille war. Direkt vor der Tür stand eine Straßenlaterne, deren Schein die Blätter des Baumes vergoldete, der sich hinter ihm über den Zaun beugte. Ungefähr einen Fuß vom Laternenpfahl entfernt stand eine Gestalt, die fast so starr und bewegungslos war wie der Laternenpfahl selbst. Der hohe Hut und der lange Gehrock waren schwarz; das Gesicht war in einem plötzlichen Schatten fast genauso dunkel. Nur eine Strähne feurigen Haares im Licht und auch etwas Aggressives in der Haltung verrieten, dass es sich um den Dichter Gregory handelte. Er hatte etwas von dem Aussehen eines maskierten Bravo, der mit dem Schwert in der Hand auf seinen Feind wartet.

Er machte eine Art zweifelnden Gruß, den Syme etwas formeller erwiderte.

„Ich habe auf dich gewartet", sagte Gregory. „Könnte ich mich kurz unterhalten?"

"Sicherlich. Worüber?" fragte Syme mit einer Art schwachem Staunen.

Gregory schlug mit seinem Stock auf den Laternenpfahl und dann auf den Baum ein.

„Über *dies* und *das* ", rief er; „Über Ordnung und Anarchie. Da ist deine kostbare Ordnung, diese magere, eiserne Lampe, hässlich und unfruchtbar; und es gibt Anarchie, reich, lebendig, sich selbst reproduzierend – es gibt Anarchie, prächtig in Grün und Gold."

„Trotzdem", antwortete Syme geduldig, „im Moment sieht man den Baum nur im Schein der Lampe." Ich frage mich, wann du jemals die Lampe im Licht des Baumes sehen würdest." Dann sagte er nach einer Pause: „Aber darf ich fragen, ob Sie hier draußen im Dunkeln gestanden haben, nur um unseren kleinen Streit fortzusetzen?"

„Nein", schrie Gregory mit einer Stimme, die die Straße hinunter hallte, „ich stand nicht hier, um unseren Streit fortzusetzen, sondern um ihn für immer zu beenden ."

Es wurde wieder still, und obwohl Syme nichts verstand, lauschte er instinktiv auf etwas Ernstes. Gregory begann mit sanfter Stimme und einem eher verwirrenden Lächeln.

"Herr. Syme", sagte er, „heute Abend ist Ihnen etwas ziemlich Bemerkenswertes gelungen. Du hast mir etwas angetan, was noch keinem von einer Frau geborenen Mann jemals zuvor gelungen ist."

"In der Tat!"

„Jetzt erinnere ich mich", fuhr Gregory nachdenklich fort, „dass es einer anderen Person gelungen ist." Der Kapitän eines Penny Steamers (wenn ich mich recht erinnere) in Southend . Du hast mich irritiert."

„Es tut mir sehr leid", antwortete Syme ernst.

„Ich fürchte, meine Wut und deine Beleidigung sind zu schockierend, als dass sie selbst mit einer Entschuldigung ausgelöscht werden könnten", sagte Gregory sehr ruhig. „Kein Duell könnte es auslöschen. Wenn ich dich totschlagen würde, könnte ich es nicht auslöschen. Es gibt nur einen Weg, diese Beleidigung auszumerzen, und diesen Weg wähle ich. Ich werde Ihnen möglicherweise unter Einsatz meines Lebens und meiner Ehre *beweisen* , dass Sie mit dem, was Sie gesagt haben, Unrecht hatten."

„In dem, was ich gesagt habe?"

„Sie sagten, ich meinte es nicht ernst damit, Anarchist zu sein."

„Es gibt verschiedene Schweregrade", antwortete Syme. „Ich habe nie daran gezweifelt, dass Sie in diesem Sinne völlig aufrichtig waren, dass Sie das, was Sie gesagt haben, für erwähnenswert hielten , dass Sie dachten, ein Paradoxon könnte Menschen zu einer vernachlässigten Wahrheit aufrütteln."

Gregory starrte ihn fest und schmerzerfüllt an.

„Und in keinem anderen Sinne", fragte er, „glauben Sie, dass ich es ernst meinte? Du hältst mich für einen *Flaneur* , der gelegentlich Wahrheiten preisgibt . Sie glauben nicht, dass ich es in einem tieferen, tödlicheren Sinne ernst meine."

Syme schlug mit seinem Stock heftig auf die Steine der Straße.

"Ernst!" er weinte. „Guter Gott! Ist diese Straße ernst? Sind diese verdammten chinesischen Laternen ernst zu nehmen? Ist die ganze Geschichte ernst? Man kommt hierher und redet eine Menge Blödsinn und vielleicht auch etwas Vernünftiges, aber ich würde sehr wenig von einem Mann halten, der nicht etwas Ernsteres im Hintergrund seines Lebens hielt als all dieses Gerede – etwas Ernsteres , ob es Religion oder nur Alkohol war."

„Sehr gut", sagte Gregory, sein Gesicht verfinsterte sich, „Sie werden etwas Ernsthafteres sehen als Alkohol oder Religion."

Syme stand mit seiner gewohnten Sanftmut da und wartete, bis Gregory wieder seine Lippen öffnete.

„Sie haben gerade davon gesprochen, eine Religion zu haben. Stimmt es wirklich, dass du eins hast?"

„Oh", sagte Syme mit einem strahlenden Lächeln, „wir sind jetzt alle Katholiken."

„Darf ich Sie dann bitten, bei allen Göttern oder Heiligen, die zu Ihrer Religion gehören, zu schwören, dass Sie keinem Sohn Adams und insbesondere nicht der Polizei verraten werden, was ich Ihnen jetzt sagen werde? Das kannst du schwören! Wenn Sie diesen schrecklichen Verzicht auf sich nehmen und bereit sind, Ihre Seele mit einem Gelübde zu belasten, das Sie niemals ablegen sollten, und mit einem Wissen, von dem Sie niemals träumen sollten, verspreche ich Ihnen im Gegenzug –"

„Du versprichst mir eine Gegenleistung?" fragte Syme, als der andere innehielt.

„Ich verspreche Ihnen einen sehr unterhaltsamen Abend." Syme nahm plötzlich seinen Hut ab.

„Ihr Angebot", sagte er, „ist viel zu idiotisch, um abgelehnt zu werden. Sie sagen, dass ein Dichter immer ein Anarchist ist. Ich bin nicht einverstanden; aber ich hoffe zumindest, dass er immer ein Sportler ist. Erlauben Sie mir, hier und jetzt als Christ zu schwören und als guter Kamerad und Künstlerkollege zu versprechen, dass ich nichts davon, was auch immer es sein mag, der Polizei melden werde. Und jetzt, im Namen von Colney Hatch, was ist los?"

„Ich denke", sagte Gregory mit ruhiger Belanglosigkeit, „dass wir ein Taxi rufen werden."

Er gab zwei lange Pfiffe von sich, und ein Hansom kam ratternd die Straße entlanggerannt. Die beiden ließen sich schweigend darauf ein. Gregory gab durch die Falle die Adresse eines unbekannten Wirtshauses am Chiswick-Ufer des Flusses an. Das Taxi fuhr wieder davon, und darin verließen diese beiden Fantastischen ihre fantastische Stadt.

KAPITEL II.
DAS GEHEIMNIS VON GABRIEL SYME

Das Taxi hielt vor einem besonders trostlosen und schmierigen Bierladen , in den Gregory seinen Begleiter schnell hineinführte. Sie setzten sich in einer engen und düsteren Art Bar- Salon an einen fleckigen Holztisch mit einem Holzbein. Der Raum war so klein und dunkel, dass man von dem herbeigerufenen Wärter kaum etwas sehen konnte, außer dem vagen und dunklen Eindruck von etwas Massivem und Bärtigem.

„Willst du etwas zu Abend essen?" fragte Gregory höflich. „Die *Pastete de Foie Gras* ist hier nicht gut, aber ich kann das Spiel empfehlen."

Syme nahm die Bemerkung mit Gleichgültigkeit auf und hielt sie für einen Witz. Er akzeptierte die Ader des Humors und sagte mit einer wohlerzogenen Gleichgültigkeit:

„Oh, bring mir etwas Hummermayonnaise."

Zu seinem unbeschreiblichen Erstaunen sagte der Mann nur: „Sicherlich, Sir!" und ging offenbar weg, um es zu holen.

"Was wirst du trinken?" fuhr Gregory mit der gleichen nachlässigen, aber entschuldigenden Miene fort. „Ich werde selbst nur eine *Crême de Menthe* essen ; Ich habe gegessen. Aber dem Champagner kann man wirklich vertrauen. Darf ich Sie wenigstens mit einer halben Flasche Pommery beginnen?"

"Danke schön!" sagte der regungslose Syme. "Sie sind sehr gut."

Seine weiteren Gesprächsversuche, die an sich etwas unorganisiert waren , wurden schließlich wie durch einen Blitzschlag durch das tatsächliche Erscheinen des Hummers abgebrochen. Syme probierte es und fand es besonders gut. Dann begann er plötzlich mit großer Geschwindigkeit und großem Appetit zu essen.

„Entschuldigen Sie, wenn es mir ganz offensichtlich Spaß macht!" sagte er lächelnd zu Gregory. „Ich habe nicht oft das Glück, einen solchen Traum zu haben. Für mich ist es neu, dass ein Albtraum zu einem Hummer führt. Normalerweise ist es umgekehrt."

„Du schläfst nicht, das versichere ich dir", sagte Gregory. „Im Gegenteil, Sie stehen kurz vor dem realsten und aufregendsten Moment Ihres Lebens. Ah, hier kommt Ihr Champagner! Ich gebe zu, dass zwischen der Innenausstattung dieses hervorragenden Hotels und seinem einfachen und unprätentiösen Äußeren möglicherweise ein leichtes Missverhältnis besteht.

Aber das ist unsere ganze Bescheidenheit. Wir sind die bescheidensten Männer, die je auf der Erde gelebt haben."

„Und wer sind *wir?* ", fragte Syme und leerte sein Champagnerglas.

„Es ist ganz einfach", antwortete Gregory. „ *Wir* sind die ernsthaften Anarchisten, an die Sie nicht glauben."

"Oh!" sagte Syme kurz. „Ihr macht euch mit Getränken gut."

„Ja, wir nehmen alles ernst", antwortete Gregory.

Dann, nach einer Pause, fügte er hinzu:

„Wenn sich dieser Tisch in wenigen Augenblicken ein wenig zu drehen beginnt, liegt das nicht daran, dass Sie in den Champagner eingetaucht sind. Ich möchte nicht, dass du dir selbst Unrecht tust."

„Nun, wenn ich nicht betrunken bin, bin ich verrückt", antwortete Syme mit vollkommener Ruhe; „Aber ich vertraue darauf, dass ich mich in beiden Fällen wie ein Gentleman verhalten kann. Darf ich rauchen?"

"Sicherlich!" sagte Gregory und zog ein Zigarrenetui hervor. „Probieren Sie eines von mir."

Syme nahm die Zigarre, schnitt das Ende mit einem Zigarrenschneider aus seiner Westentasche ab, steckte sie in den Mund, zündete sie langsam an und stieß eine lange Rauchwolke aus. Es gebührt ihm nicht wenig, dass er diese Riten mit so viel Gelassenheit durchführte, denn kaum bevor er damit begonnen hatte, begann sich der Tisch, an dem er saß, zu drehen, zuerst langsam, dann schnell, wie bei einer wahnsinnigen Séance.

„Es darf Ihnen nichts ausmachen", sagte Gregory; „Es ist eine Art Schraube."

„Ganz richtig", sagte Syme gelassen, „eine Art Mistkerl." Wie einfach ist das!"

Im nächsten Moment stieg der Rauch seiner Zigarre, der in schlangenartigen Windungen durch den Raum geschwungen war, direkt nach oben wie aus einem Fabrikschornstein, und die beiden schossen mit ihren Stühlen und ihrem Tisch durch den Boden, als ob die Erde es getan hätte habe sie verschluckt. Sie sausten eine Art tosenden Schornstein hinunter, so schnell wie ein Aufzug, der sich losmachte, und landeten mit einem abrupten Stoß auf dem Boden. Aber als Gregory zwei Türen öffnete und ein rotes unterirdisches Licht hereinließ, rauchte Syme immer noch, ein Bein über das andere geworfen, und hatte kein gelbes Haar gezupft.

Gregory führte ihn durch einen niedrigen, gewölbten Gang, an dessen Ende sich die rote Ampel befand. Es war eine riesige purpurrote Laterne, fast so groß wie ein Kamin, die über einer kleinen, aber schweren Eisentür befestigt war. In der Tür befand sich eine Art Luke oder Gitter, und Gregory schlug fünfmal darauf ein. Eine schwere Stimme mit ausländischem Akzent fragte ihn, wer er sei. Darauf gab er die mehr oder weniger unerwartete Antwort: „Mr. Joseph Chamberlain." Die schweren Scharniere begannen sich zu bewegen; es war offensichtlich eine Art Passwort.

Der Durchgang hinter der Tür glänzte, als wäre er mit einem Netz aus Stahl ausgekleidet. Auf den zweiten Blick erkannte Syme, dass das glitzernde Muster in Wirklichkeit aus Reihen von Gewehren und Revolvern bestand, dicht an dicht oder ineinander verschränkt.

„Ich muss Sie bitten, mir all diese Formalitäten zu verzeihen", sagte Gregory; „Wir müssen hier sehr streng sein."

entschuldigen Sie sich nicht ", sagte Syme. „Ich kenne Ihre Leidenschaft für Recht und Ordnung", und er betrat den von Stahlwaffen gesäumten Gang. Mit seinem langen, blonden Haar und dem eher schicken Gehrock wirkte er wie eine besonders gebrechliche und fantasievolle Gestalt, als er die leuchtende Allee des Todes entlangschritt.

Sie gingen durch mehrere solcher Gänge und gelangten schließlich in einen seltsamen Stahlraum mit geschwungenen Wänden, der fast kugelförmig war, aber mit seinen Sitzreihen etwas von einem wissenschaftlichen Hörsaal aussah. In dieser Wohnung gab es keine Gewehre oder Pistolen, aber an den Wänden hingen zweifelhaftere und schrecklichere Formen, Dinge, die wie die Zwiebeln von Eisenpflanzen oder die Eier von Eisenvögeln aussahen. Es waren Bomben, und der Raum selbst schien das Innere einer Bombe zu sein. Syme warf die Asche seiner Zigarre gegen die Wand und ging hinein.

„Und jetzt, mein lieber Mr. Syme", sagte Gregory und warf sich ausladend auf die Bank unter der größten Bombe, „jetzt haben wir es ganz gemütlich , also lassen Sie uns mal richtig reden." Keine menschlichen Worte können Ihnen eine Vorstellung davon geben, warum ich Sie hierher gebracht habe. Es war eines dieser ganz willkürlichen Gefühle, als würde man von einer Klippe springen oder sich verlieben. Es genügt zu sagen, dass Sie ein unsagbar irritierender Kerl waren, und um Ihrer Gerechtigkeit Rechnung zu tragen, sind Sie es immer noch. Ich würde zwanzig Eide der Geheimhaltung brechen, nur um das Vergnügen zu genießen, Sie in die Enge zu treiben. Auf diese Weise würde das Anzünden einer Zigarre dazu führen, dass ein Priester das Siegel der Beichte bricht. Nun, Sie sagten, dass Sie ziemlich sicher seien, dass ich kein ernsthafter Anarchist sei. Kommt Ihnen dieser Ort seriös vor?"

„Es scheint trotz all seiner Fröhlichkeit eine Moral zu haben", stimmte Syme zu; „Aber darf ich Ihnen zwei Fragen stellen? Sie brauchen sich nicht zu scheuen, mir Auskunft zu geben, denn Sie haben, wie Sie sich erinnern, sehr klug von mir das Versprechen erpresst, es der Polizei nicht zu sagen, ein Versprechen, das ich auf jeden Fall halten werde. Es ist also reine Neugier, dass ich meine Fragen stelle. Zunächst einmal: Worum geht es eigentlich? Wogegen haben Sie Einwände? Sie wollen die Regierung abschaffen?"

„Um Gott abzuschaffen!" sagte Gregory und öffnete die Augen eines Fanatikers. „Wir wollen nicht nur ein paar Willkürherrschaften und Polizeivorschriften über den Haufen werfen; Diese Art von Anarchismus existiert zwar, aber es handelt sich lediglich um einen Zweig der Nonkonformisten. Wir graben tiefer und blasen Sie höher. Wir möchten alle willkürlichen Unterscheidungen zwischen Laster und Tugend, Ehre und Verrat leugnen , auf die sich bloße Rebellen stützen. Die albernen Sentimentalisten der Französischen Revolution sprachen von den Menschenrechten! Wir hassen Rechte, wie wir Unrecht hassen. Wir haben Richtig und Falsch abgeschafft."

„Und rechts und links", sagte Syme mit einfachem Eifer, „ich hoffe, Sie werden sie auch abschaffen." Sie bereiten mir viel mehr Ärger."

„Sie haben von einer zweiten Frage gesprochen", schnappte Gregory.

„Mit Vergnügen", fuhr Syme fort. „In all Ihren gegenwärtigen Handlungen und Umgebungen gibt es einen wissenschaftlichen Versuch der Geheimhaltung. Ich habe eine Tante, die über einem Laden wohnte, aber dies ist das erste Mal, dass ich Menschen treffe, die aus Vorliebe unter einem Wirtshaus wohnen. Sie haben eine schwere Eisentür. Sie können es nicht bestehen, ohne sich der Demütigung hinzugeben, sich Mr. Chamberlain zu nennen. Man umgibt sich mit Stahlinstrumenten, die den Ort, wenn ich das so sagen darf, eher eindrucksvoll als heimelig machen. Darf ich fragen, warum Sie, nachdem Sie sich all die Mühe gemacht haben, sich in den Eingeweiden der Erde zu verbarrikadieren, dann Ihr ganzes Geheimnis zur Schau stellen, indem Sie jeder dummen Frau im Saffron Park vom Anarchismus erzählen?"

Gregory lächelte.

„Die Antwort ist einfach", sagte er. „Ich habe dir gesagt, dass ich ein ernsthafter Anarchist bin, und du hast mir nicht geglaubt. *Sie glauben mir* auch nicht . Wenn ich sie nicht in diesen höllischen Raum bringen würde , würden sie mir nicht glauben."

Syme rauchte nachdenklich und sah ihn interessiert an. Gregory fuhr fort.

„Die Geschichte der Sache könnte Sie amüsieren", sagte er. „Als ich zum ersten Mal einer der Neuen Anarchisten wurde , habe ich alle möglichen respektablen Verkleidungen ausprobiert. Ich habe mich als Bischof verkleidet. Ich habe in unseren anarchistischen Broschüren, in *„Superstition the Vampire"* und *„Priests of Prey"* alles über Bischöfe gelesen . Von ihnen habe ich sicherlich verstanden, dass Bischöfe seltsame und schreckliche alte Männer sind, die ein grausames Geheimnis vor der Menschheit bewahren. Ich war falsch informiert. Als ich zum ersten Mal in bischöflichen Gamaschen in einem Salon erschien, schrie ich mit donnernder Stimme: „Nieder!" runter! anmaßende menschliche Vernunft!' Sie fanden irgendwie heraus, dass ich überhaupt kein Bischof war. Ich wurde sofort geschnappt. Dann habe ich mich als Millionär ausgegeben; Aber ich habe das Kapital mit so viel Intelligenz verteidigt, dass ein Narr erkennen konnte, dass ich ziemlich arm war. Dann habe ich versucht, ein Hauptfach zu werden. Jetzt bin ich selbst ein Menschenfreund, aber ich hoffe, dass ich über genügend intellektuelle Breite verfüge, um die Position derer zu verstehen, die wie Nietzsche Gewalt bewundern – den stolzen, verrückten Krieg der Natur und all das, wissen Sie. Ich habe mich ins Hauptfach gestürzt. Ich zog mein Schwert und schwenkte es ständig. Ich rief „Blut!" abwesend, wie ein Mann, der nach Wein ruft. Ich sagte oft: „Lass die Schwachen zugrunde gehen; es ist das Gesetz.' Nun gut, es scheint, dass die Hauptfächer das nicht tun. Ich wurde wieder geschnappt. Schließlich ging ich verzweifelt zum Präsidenten des Zentralen Anarchistischen Rates, dem größten Mann Europas."

"Wie heißt er?" fragte Syme.

„Das würdest du nicht wissen", antwortete Gregory. „Das ist seine Größe. Cäsar und Napoleon setzten ihr ganzes Genie ein, um bekannt zu werden, und man *hörte* von ihnen. Er setzt sein ganzes Genie darauf ein, dass man nichts von ihm hört, und man hört nichts von ihm. Aber man kann nicht fünf Minuten mit ihm im Raum sein, ohne das Gefühl zu haben, dass Cäsar und Napoleon Kinder in seinen Händen gewesen wären."

Einen Moment lang schwieg er und war sogar blass, dann fuhr er fort:

„Aber wann immer er einen Rat gibt , ist er immer so verblüffend wie ein Epigramm und doch so praktisch wie die Bank of England. Ich sagte zu ihm: „Welche Verkleidung wird mich vor der Welt verbergen?" Was kann ich respektabler finden als Bischöfe und Majore?' Er sah mich mit seinem großen, aber unleserlichen Gesicht an. „Du willst eine sichere Tarnung, oder? Sie brauchen ein Kleid, das Sie garantiert sicher hält; ein Kleid, in dem niemand jemals nach einer Bombe suchen würde?' Ich nickte. Plötzlich erhob er seine Löwenstimme. „Warum verkleidest du dich dann als *Anarchist* , du Narr!" er brüllte, so dass der Raum bebte. „Dann wird niemand von dir erwarten, dass du etwas Gefährliches tust." Und ohne ein weiteres Wort drehte er mir den breiten Rücken zu. Ich habe seinen Rat befolgt und es nie bereut. Ich habe diesen Frauen Tag und Nacht Blut und Mord gepredigt, und – bei Gott! – sie ließen mich ihre Kinderwagen rollen."

Syme saß da und beobachtete ihn mit etwas Respekt in seinen großen, blauen Augen.

„Du hast mich aufgenommen", sagte er. „Es ist wirklich ein kluger Trick."

Dann, nach einer Pause, fügte er hinzu:

„Wie nennen Sie Ihren großartigen Präsidenten?"

„Wir nennen ihn im Allgemeinen Sonntag", antwortete Gregory schlicht. „Sehen Sie, es gibt sieben Mitglieder des Zentralen Anarchistischen Rates, und sie sind nach Wochentagen benannt. Einige seiner Bewunderer nennen ihn „Sunday Bloody Sunday". Es ist merkwürdig, dass Sie die Angelegenheit erwähnen, denn der Abend, an dem Sie vorbeigekommen sind (wenn ich es so ausdrücken darf), ist der Abend, an dem unsere Londoner Niederlassung, die sich in diesem Raum versammelt, ihren eigenen Stellvertreter wählen muss, um eine freie Stelle zu besetzen im Rat. Der Herr, der seit einiger Zeit mit Anstand und allgemeinem Applaus den schwierigen Teil des Donnerstags gespielt hat, ist ganz plötzlich gestorben. Deshalb haben wir noch heute Abend eine Versammlung einberufen, um einen Nachfolger zu wählen."

Er stand auf und schlenderte mit einer Art verlegen lächelndem Lächeln durch den Raum.

„Ich fühle mich irgendwie, als wärst du meine Mutter, Syme", fuhr er beiläufig fort. „Ich habe das Gefühl, dass ich Ihnen alles anvertrauen kann, da Sie versprochen haben, es niemandem zu erzählen. Tatsächlich werde ich Ihnen etwas anvertrauen, was ich den Anarchisten, die in etwa zehn Minuten in den Raum kommen werden, nicht in so vielen Worten sagen würde. Wir werden natürlich eine Art Wahl durchlaufen; aber es macht mir nichts aus, Ihnen zu sagen, dass das Ergebnis praktisch sicher sein wird." Er blickte für einen Moment bescheiden nach unten. „Es steht fast fest, dass ich am Donnerstag sein werde."

"Mein Lieber Gefährte." sagte Syme herzlich: „Ich gratuliere Ihnen. Eine tolle Karriere!"

Gregory lächelte abfällig und ging schnell redend durch den Raum.

„Tatsächlich liegt an diesem Tisch alles für mich bereit", sagte er, „und die Zeremonie wird wahrscheinlich die kürzeste sein, die möglich ist."

Syme schlenderte ebenfalls zum Tisch und fand einen darauf liegenden Spazierstock, der sich bei der Untersuchung als Schwertstock herausstellte, einen großen Colt-Revolver, eine Sandwich-Hülle und eine beeindruckende

Flasche Brandy. Über den Stuhl neben dem Tisch war ein schwer aussehender Umhang oder Umhang geworfen.

„Ich muss nur noch die Form der Wahl fertigstellen", fuhr Gregory lebhaft fort, „dann schnappe ich mir diesen Umhang und den Stock, stopfe diese anderen Dinge in meine Tasche und trete aus einer Tür in dieser Höhle, die sich zum Fluss hin öffnet." , wo schon ein Dampfschlepper auf mich wartet, und dann – dann – oh, die wilde Freude, Donnerstag zu sein!" Und er faltete die Hände.

Syme, der sich noch einmal mit seiner üblichen unverschämten Trägheit hingesetzt hatte, stand mit einer ungewöhnlichen Miene des Zögerns auf.

„Warum", fragte er vage, „halte ich Sie für einen recht anständigen Kerl? Warum mag ich dich wirklich, Gregory?" Er hielt einen Moment inne und fügte dann mit einer Art neuer Neugier hinzu: „Liegt es daran, dass du so ein Arsch bist?"

Wieder herrschte nachdenkliches Schweigen, und dann schrie er:

„Na ja, verdammt noch mal! Das ist die lustigste Situation, in der ich je in meinem Leben war, und ich werde entsprechend handeln. Gregory, ich habe dir ein Versprechen gegeben, bevor ich hierher kam. Dieses Versprechen würde ich unter glühenden Zangen halten. Würden Sie mir zu meiner eigenen Sicherheit ein kleines Versprechen der gleichen Art geben?"

"Ein Versprechen?" fragte Gregory und wunderte sich.

„Ja", sagte Syme sehr ernst, „ein Versprechen. Ich habe vor Gott geschworen, dass ich der Polizei Ihr Geheimnis nicht verraten würde. Wirst du bei der Menschheit oder was auch immer für ein scheußliches Ding du glaubst, schwören, dass du den Anarchisten mein Geheimnis nicht verraten wirst?"

"Dein Geheimnis?" fragte der starrende Gregory. „Hast du ein Geheimnis?"

„Ja", sagte Syme, „ich habe ein Geheimnis." Dann, nach einer Pause: „Wirst du schwören?"

Gregory starrte ihn einige Augenblicke lang ernst an und sagte dann plötzlich:

„Du musst mich verzaubert haben, aber ich verspüre eine rasende Neugier auf dich. Ja, ich werde schwören, den Anarchisten nichts zu sagen, was Sie mir sagen. Aber schauen Sie genau hin, denn in ein paar Minuten werden sie hier sein."

Syme erhob sich langsam und steckte seine langen, weißen Hände in die Taschen seiner langen, grauen Hose. Fast in diesem Moment ertönte fünfmal Klopfen an das äußere Gitter und verkündete die Ankunft des ersten Verschwörers.

„Nun", sagte Syme langsam, „ich weiß nicht, wie ich Ihnen die Wahrheit kürzer sagen kann, als indem ich sage, dass Ihr Ausweg, sich als zielloser Dichter zu verkleiden, nicht auf Sie oder Ihren Präsidenten beschränkt ist. Wir kennen den Ausweichmanöver bei Scotland Yard schon seit einiger Zeit."

Gregory versuchte aufzustehen, doch er schwankte dreimal.

"Was sagen Sie?" fragte er mit unmenschlicher Stimme.

„Ja", sagte Syme schlicht, „ich bin Polizist. Aber ich glaube, ich höre deine Freunde kommen."

Von der Tür her ertönte ein Gemurmel: „Mr. Joseph Chamberlain." Es wurde zweimal und dreimal und dann dreißig Mal wiederholt, und man hörte die Menge von Joseph Chamberlains (ein feierlicher Gedanke) den Korridor entlang trampeln.

KAPITEL III.
DER MANN, DER DONNERSTAG WAR

Bevor eines der frischen Gesichter an der Tür erscheinen konnte, war Gregorys fassungslose Überraschung von ihm gefallen. Mit einem Satz und einem Geräusch in der Kehle stand er neben dem Tisch wie ein wildes Tier. Er ergriff den Revolver des Colt und zielte auf Syme. Syme zuckte nicht zusammen, sondern hob eine blasse und höfliche Hand.

„Seien Sie nicht so ein dummer Mann", sagte er mit der weiblichen Würde eines Pfarrers. „Sehen Sie nicht, dass es nicht notwendig ist? Sehen Sie nicht, dass wir beide im selben Boot sitzen? Ja, und ich bin ziemlich seekrank."

Gregory konnte nicht sprechen, aber er konnte auch nicht schießen, und er stellte seine Frage.

„Sehen Sie nicht, dass wir uns gegenseitig schachmatt gesetzt haben?" rief Syme. „Ich kann der Polizei nicht sagen, dass Sie ein Anarchist sind. Man darf den Anarchisten nicht erzählen, dass ich Polizist bin. Ich kann dich nur beobachten, da ich weiß, was du bist; Du kannst mich nur beobachten, wenn du weißt, was ich bin. Kurz gesagt, es ist ein einsames, intellektuelles Duell, mein Kopf gegen deinen. Ich bin ein Polizist, dem die Hilfe der Polizei entzogen ist. Du, mein armer Kerl, bist ein Anarchist, dem die Hilfe des Gesetzes und der Organisation entzogen ist , die für die Anarchie so wesentlich sind. Der einzige Unterschied liegt zu Ihren Gunsten . Sie sind nicht von neugierigen Polizisten umgeben; Ich bin von neugierigen Anarchisten umgeben. Ich kann dich nicht verraten, aber ich könnte mich selbst verraten. Komm, komm! Warte ab und sieh zu, wie ich mich selbst verrate. Ich werde es so gut machen."

Gregory ließ die Pistole langsam sinken und starrte Syme immer noch an, als wäre er ein Seeungeheuer.

„Ich glaube nicht an Unsterblichkeit", sagte er schließlich, „aber wenn du nach all dem dein Wort brechen würdest, würde Gott nur für dich eine Hölle schaffen, in der du für immer heulen könntest ."

„Ich werde mein Wort nicht brechen", sagte Syme streng, „und du wirst auch deins nicht brechen. Hier sind deine Freunde."

Die Masse der Anarchisten betrat den Raum schwerfällig, mit schleppendem und etwas müdem Gang; Aber ein kleiner Mann mit schwarzem Bart und Brille – ein Mann, der in gewisser Weise Mr. Tim Healy ähnelte – löste sich und eilte mit einigen Papieren in der Hand vorwärts.

„Genosse Gregory", sagte er, „ich nehme an, dieser Mann ist ein Delegierter?"

Überrascht blickte Gregory nach unten und murmelte den Namen Syme; aber Syme antwortete fast frech:

„Ich freue mich zu sehen, dass Ihr Tor gut genug bewacht ist, um es jedem, der kein Delegierter war, schwer zu machen, hier zu sein."

Die Stirn des kleinen Mannes mit dem schwarzen Bart war jedoch noch immer so etwas wie Misstrauen gerunzelt.

„Welche Branche vertreten Sie?" fragte er scharf.

„Ich würde es kaum einen Zweig nennen", sagte Syme lachend; „Ich sollte es zumindest eine Wurzel nennen."

"Wie meinst du das?"

„Tatsache ist", sagte Syme gelassen, „die Wahrheit ist, dass ich Sabbatarier bin." Ich wurde speziell hierher geschickt, um dafür zu sorgen, dass Sie den Sonntag gebührend einhalten."

Der kleine Mann ließ einen seiner Papiere fallen und ein Anflug von Angst huschte über alle Gesichter der Gruppe. Offensichtlich schickte der schreckliche Präsident, dessen Name Sunday war, manchmal solch unregelmäßige Botschafter zu solchen Zweigtreffen.

„Nun, Kamerad", sagte der Mann mit den Papieren nach einer Pause, „ich nehme an, wir geben Ihnen besser einen Platz in der Sitzung?"

„Wenn Sie mich als Freund um Rat fragen", sagte Syme mit strengem Wohlwollen, „dann denke ich, dass es Ihnen besser gehen würde."

Als Gregory hörte, wie der gefährliche Dialog endete und sein Rivale plötzlich in Sicherheit war, stand er abrupt auf und lief in schmerzvollen Gedanken auf und ab. Er befand sich tatsächlich in einer Qual der Diplomatie. Es war klar, dass Symes inspirierte Unverschämtheit ihn wahrscheinlich aus allen nur zufälligen Dilemmas herausholen würde. Von ihnen war wenig zu hoffen. Er selbst konnte Syme nicht verraten, teils aus Ehre , teils aber auch, weil, wenn er ihn verriet und es ihm aus irgendeinem Grund nicht gelang, ihn zu vernichten, der entkommene Syme ein Syme sein würde, der von jeder Geheimhaltungspflicht befreit war, ein Syme, der einfach wandeln würde zur nächsten Polizeistation. Schließlich handelte es sich nur um eine Diskussion an einem Abend und nur einen Detektiv, der davon wusste. Er würde an diesem Abend so wenig wie möglich von ihren Plänen preisgeben und dann Syme gehen lassen und es riskieren.

Er schritt auf die Gruppe der Anarchisten zu, die sich bereits auf den Bänken verteilte.

„Ich denke, es ist an der Zeit, dass wir anfangen", sagte er; „Der Dampfschlepper wartet bereits auf dem Fluss. Ich beantrage, dass Genosse Buttons den Vorsitz übernimmt."

Nachdem dies per Handzeichen genehmigt worden war, schlüpfte der kleine Mann mit den Papieren auf den Präsidentensitz.

„Genossen", begann er scharf wie ein Pistolenschuss, „unser Treffen heute Abend ist wichtig, auch wenn es nicht lange dauern muss." Dieser Zweig hatte schon immer die Ehre , donnerstags den Zentraleuropäischen Rat zu wählen. Wir haben viele und herrliche Donnerstage gewählt. Wir alle bedauern den traurigen Tod des heldenhaften Arbeiters, der diesen Posten bis letzte Woche innehatte. Wie Sie wissen, waren seine Verdienste für die Sache beträchtlich. Er organisierte den großen Dynamitputsch von Brighton, der unter glücklicheren Umständen jeden auf dem Pier hätte töten sollen. Wie Sie auch wissen, war sein Tod ebenso selbstverleugnend wie sein Leben, denn er starb durch seinen Glauben an eine hygienische Mischung aus Kreide und Wasser als Ersatz für Milch, ein Getränk, das er als barbarisch und mit Grausamkeit gegenüber der Kuh ansah . Grausamkeit oder alles, was Grausamkeit nahekam, empörte ihn immer. Aber es geht uns nicht darum, seine Tugenden anzuerkennen, sondern für eine schwierigere Aufgabe. Es ist schwierig, seine Qualitäten richtig zu loben, aber noch schwieriger ist es, sie zu ersetzen. An Ihnen, Genossen, liegt es an diesem Abend, aus der anwesenden Gesellschaft den Mann auszuwählen, der am Donnerstag sein wird. Wenn ein Genosse einen Namen vorschlägt, werde ich ihn zur Abstimmung stellen. Wenn kein Kamerad einen Namen vorschlägt, kann ich mir nur sagen, dass dieser liebe Dynamiter, der von uns gegangen ist, das letzte Geheimnis seiner Tugend und seiner Unschuld in die unerkennbaren Abgründe getragen hat."

Es gab einen fast unhörbaren Applaus, wie er manchmal in der Kirche zu hören ist. Dann erhob sich ein großer alter Mann mit einem langen, ehrwürdigen weißen Bart, vielleicht der einzige echte Arbeiter, der anwesend war, schwerfällig und sagte:

„Ich beantrage, dass Genosse Gregory am Donnerstag gewählt wird", und setzte sich schwerfällig wieder hin.

„Ist jemand Zweiter?" fragte der Vorsitzende.

Ein kleiner Mann mit Samtmantel und Spitzbart sekundierte.

„Bevor ich die Angelegenheit zur Abstimmung stelle", sagte der Vorsitzende, „werde ich Genosse Gregory auffordern, eine Erklärung abzugeben."

Gregory erhob sich unter lautem Applaus. Sein Gesicht war totenbleich, so dass sein seltsames rotes Haar im Gegensatz dazu fast scharlachrot aussah. Aber er lächelte und war völlig entspannt. Er hatte seinen Entschluss gefasst, und er sah seine beste Politik ganz deutlich vor sich wie eine weiße Straße. Seine beste Chance bestand darin, eine sanfte und zweideutige Rede zu halten, die beim Detektiv den Eindruck erwecken würde, dass die anarchistische Bruderschaft doch eine sehr milde Angelegenheit sei. Er glaubte an seine eigene literarische Kraft, seine Fähigkeit, feine Nuancen vorzuschlagen und perfekte Worte auszuwählen. Er glaubte, dass es ihm trotz aller Menschen um ihn herum mit Sorgfalt gelingen könnte, einen subtilen und zart falschen Eindruck von der Institution zu vermitteln. Syme hatte einst gedacht, dass Anarchisten trotz all ihrer Tapferkeit nur Narren spielten. Konnte er Syme jetzt, in der Stunde der Gefahr, nicht dazu bringen, noch einmal darüber nachzudenken?

„Genossen", begann Gregory mit leiser, aber durchdringender Stimme, „ich muss Ihnen nicht sagen, was meine Politik ist, denn es ist auch Ihre Politik." Unser Glaube wurde verleumdet, er wurde entstellt, er wurde völlig verwirrt und verschleiert, aber er wurde nie geändert. Diejenigen, die über den Anarchismus und seine Gefahren sprechen, gehen überall hin, um ihre Informationen zu bekommen, außer zu uns, außer zur Quelle. Sie lernen aus Sechsgroschenromanen etwas über Anarchisten; aus Handwerkerzeitungen erfahren sie etwas über Anarchisten; Sie erfahren etwas über Anarchisten aus *Ally Slopers Half-Holiday* und der *Sporting Times* . Sie erfahren nie von Anarchisten etwas über Anarchisten. Wir haben keine Chance, die gewaltigen Verleumdungen zu leugnen, die uns von einem Ende Europas bis zum anderen überschüttet werden. Der Mann, der immer gehört hat, dass wir wandelnde Plagen sind, hat unsere Antwort nie gehört. Ich weiß, dass er es heute Abend nicht hören wird, obwohl es meine Leidenschaft war, das Dach einzureißen. Denn tief, tief unter der Erde dürfen sich die Verfolgten versammeln, so wie sich die Christen in den Katakomben versammelten. Aber wenn heute Abend durch einen unglaublichen Zufall ein Mann hier wäre, der uns sein ganzes Leben lang so sehr missverstanden hat, würde ich ihm diese Frage stellen: „Als sich diese Christen in diesen Katakomben trafen, welchen moralischen Ruf hatten sie dort?" Straßen oben? Welche Geschichten wurden von einem gebildeten Römer dem anderen über ihre Gräueltaten erzählt? Angenommen", (würde ich zu ihm sagen), „angenommen, wir wiederholen nur dieses immer noch mysteriöse Paradoxon der Geschichte." Angenommen, wir wirken genauso schockierend wie die Christen, weil wir in Wirklichkeit genauso harmlos sind wie die Christen. Angenommen, wir scheinen genauso verrückt zu sein wie die Christen, weil wir in Wirklichkeit genauso sanftmütig sind.

Der Applaus, der die ersten Sätze begrüßt hatte, war allmählich schwächer geworden und verstummte beim letzten Wort plötzlich. In der plötzlichen Stille sagte der Mann mit der Samtjacke mit hoher, kreischender Stimme:

„Ich bin nicht sanftmütig!"

„Genosse Witherspoon sagt uns " , fuhr Gregory fort, „dass er nicht sanftmütig ist. Ach, wie wenig weiß er selbst! Seine Worte sind in der Tat extravagant; Sein Aussehen ist grausam und sogar (für den gewöhnlichen Geschmack) unattraktiv. Aber nur das Auge einer so tiefen und zarten Freundschaft wie meine kann das tiefe Fundament solider Sanftmut erkennen, das ihm zugrunde liegt und zu tief ist, als dass er selbst es sehen könnte. Ich wiederhole: Wir sind die wahren ersten Christen, nur dass wir zu spät kommen. Wir sind einfach, wie sie einfach verehren – schauen Sie sich Genosse Witherspoon an. Wir sind bescheiden, so wie sie bescheiden waren – schauen Sie mich an. Wir sind barmherzig –"

„Nein, nein!" rief Mr. Witherspoon mit der Samtjacke.

„Ich sage, wir sind barmherzig", wiederholte Gregor wütend, „so wie die ersten Christen barmherzig waren." Dies hinderte sie jedoch nicht daran, beschuldigt zu werden, Menschenfleisch gegessen zu haben. Wir essen kein Menschenfleisch –"

"Scham!" rief Witherspoon. "Warum nicht?"

„Genosse Witherspoon", sagte Gregory mit fieberhafter Fröhlichkeit, „ist gespannt darauf zu erfahren, warum ihn niemand isst (Gelächter). Zumindest in unserer Gesellschaft, die ihn aufrichtig liebt, die auf Liebe beruht –"

„Nein, nein!" sagte Witherspoon, „Nieder mit der Liebe."

„Da die Liebe auf Liebe beruht", wiederholte Gregory und knirschte mit den Zähnen, „wird es keine Schwierigkeiten hinsichtlich der Ziele geben, die wir als Körperschaft verfolgen werden oder die ich verfolgen sollte, wenn ich zum Repräsentanten dieser Körperschaft gewählt würde." Ohne Rücksicht auf die Verleumdungen, die uns als Mörder und Feinde der menschlichen Gesellschaft darstellen, werden wir mit moralischem Mut und stillem intellektuellem Druck die dauerhaften Ideale der Brüderlichkeit und Einfachheit verfolgen."

Gregory nahm wieder Platz und fuhr sich mit der Hand über die Stirn. Die Stille war plötzlich und unangenehm, aber der Vorsitzende erhob sich wie ein Automat und sagte mit farbloser Stimme :

„Ist jemand gegen die Wahl des Genossen Gregory?"

Die Versammlung wirkte vage und unbewusst enttäuscht, und Genosse Witherspoon bewegte sich unruhig auf seinem Sitz und murmelte in seinem dicken Bart. Durch die pure Routine wäre der Antrag jedoch gestellt und angenommen worden. Aber als der Vorsitzende den Mund öffnete, um es auszudrücken, sprang Syme auf und sagte mit leiser und leiser Stimme:

„Ja, Herr Vorsitzender, ich bin dagegen."

Die wirkungsvollste Tatsache beim Reden ist eine unerwartete Veränderung der Stimme. Herr Gabriel Syme verstand offenbar Redekunst. Nachdem er diese ersten formellen Worte in gemäßigtem Ton und mit kurzer Einfachheit gesagt hatte, ließ er sein nächstes Wort im Tresorraum erklingen und feuern, als wäre eine der Kanonen losgegangen.

„Genossen!" Er schrie mit einer Stimme, die jeden Mann aus seinen Stiefeln erschrecken ließ: „Sind wir deswegen hierher gekommen?" Leben wir wie Ratten im Untergrund, um solchen Reden zuzuhören? Dies ist ein Gerede, dem wir vielleicht zuhören, während wir bei einem Sonntagsschulfest Brötchen essen. Säumen wir diese Mauern mit Waffen und verriegeln wir diese Tür mit dem Tod, damit nicht jemand kommt und Genosse Gregory zu uns sagen hört: „Seid gut, dann werdet ihr glücklich sein", „Ehrlichkeit ist die beste Politik" und „Tugend ist etwas Eigenes." belohnen'? Es gab kein Wort in der Ansprache des Genossen Gregory, dem ein Pfarrer nicht mit Vergnügen hätte zuhören können (hören, hören). Aber ich bin kein Pfarrer (lauter Jubel), und ich habe es nicht mit Vergnügen gehört (erneuter Jubel). Der Mann, der geeignet ist, einen guten Pfarrer abzugeben, ist nicht geeignet, einen entschlossenen, energischen und effizienten Donnerstag zu gestalten (hören, hören)."

„Genosse Gregory hat uns in nur allzu entschuldigendem Ton gesagt, dass wir nicht die Feinde der Gesellschaft sind. Aber ich sage, dass wir die Feinde der Gesellschaft sind, und umso schlimmer für die Gesellschaft. Wir sind die Feinde der Gesellschaft, denn die Gesellschaft ist der Feind der Menschheit, ihr ältester und ihr erbarmungslosester Feind (hört, hört). Genosse Gregory hat uns (erneut entschuldigend) gesagt, dass wir keine Mörder sind. Da stimme ich zu. Wir sind keine Mörder, wir sind Henker (Prost)."

Seitdem Syme aufgestanden war, saß Gregory da und starrte ihn an, sein Gesicht war idiotisch vor Erstaunen. Jetzt, in der Pause, öffneten sich seine tönernen Lippen, und er sagte mit automatischer und lebloser Deutlichkeit:

„Du verdammter Heuchler!"

Syme blickte direkt in diese schrecklichen Augen mit seinen eigenen blassblauen und sagte würdevoll:

„Genosse Gregory wirft mir Heuchelei vor. Er weiß genauso gut wie ich , dass ich alle meine Verpflichtungen einhalte und nichts als meine Pflicht tue. Ich nehme kein Blatt vor den Mund. Ich gebe nicht vor, es zu tun. Ich sage, dass Genosse Gregory trotz all seiner liebenswürdigen Eigenschaften nicht für den Donnerstag geeignet ist. Aufgrund seiner liebenswürdigen Eigenschaften ist er nicht für den Donnerstag geeignet. Wir wollen nicht, dass der Oberste Rat der Anarchie mit einer rührseligen Gnade infiziert wird (hört, hört). Dies ist weder die Zeit für zeremonielle Höflichkeit noch für zeremonielle Bescheidenheit. Ich stelle mich gegen Genosse Gregory, wie ich mich gegen alle Regierungen Europas stellen würde, denn der Anarchist, der sich der Anarchie hingegeben hat, hat die Bescheidenheit ebenso vergessen wie den Stolz (Prost). Ich bin überhaupt kein Mann. Ich bin eine Sache (erneuter Jubel). Ich stellte mich Genosse Gregory so unpersönlich und ruhig gegenüber, als würde ich lieber eine Pistole als eine andere aus dem Regal an der Wand auswählen; und ich sage, anstatt Gregory und seine Milch-und-Wasser-Methoden im Obersten Rat zu haben, würde ich mich selbst zur Wahl anbieten –"

Sein Satz ging in ohrenbetäubendem Applaus unter. Die Gesichter, die vor Zustimmung immer grimmiger und grimmiger geworden waren, während seine Tirade immer kompromissloser wurde, waren jetzt durch ein erwartungsvolles Grinsen verzerrt oder durchzogen von entzückten Schreien. In dem Moment, als er sich bereit erklärte, für das Amt am Donnerstag zu kandidieren, brach ein Aufschrei der Aufregung und Zustimmung aus, der unkontrollierbar wurde, und im selben Moment sprang Gregory mit Schaum auf dem Mund auf und schrie dagegen das Geschrei.

„Hört auf, ihr verdammten Verrückten!" „, schrie er mit einer Stimme, die ihm die Kehle riss. „Hör auf, du –"

Aber lauter als Gregorys Geschrei und lauter als das Brüllen des Raumes erklang die Stimme von Syme, der immer noch mit einem gnadenlosen Donnerschlag sprach –

„Ich gehe nicht zum Rat, um diese Verleumdung zu widerlegen, die uns Mörder nennt; Ich werde es mir verdienen (lauter und anhaltender Jubel). Dem Priester, der sagt, diese Männer seien Feinde der Religion, dem Richter, der sagt, diese Männer seien Feinde des Gesetzes, dem dicken Parlamentarier, der sagt, diese Männer seien Feinde der Ordnung und des öffentlichen Anstands, auf alle diese werde ich antworten: „Ihr seid falsche Könige, aber ihr seid wahre Propheten." Ich bin gekommen, um dich zu vernichten und deine Prophezeiungen zu erfüllen.""

Der laute Lärm ließ nach und nach nach, aber bevor er aufgehört hatte, war Witherspoon mit zu Berge stehendem Haar und Bart aufgesprungen und hatte gesagt:

„Als Änderungsantrag beantrage ich, dass Genosse Syme auf den Posten berufen wird."

„Hör auf damit, das sage ich dir!" rief Gregory mit verzweifeltem Gesicht und verzweifelten Händen. „Hör auf damit, es ist alles –"

Die Stimme des Vorsitzenden untermalte seine Rede mit einem kalten Akzent.

„Unterstützt irgendjemand diesen Änderungsantrag?" er sagte. Auf der Rückbank wurde beobachtet, wie ein großer, müder Mann mit melancholischen Augen und amerikanischem Kinnbart langsam aufstand. Gregory schrie schon seit einiger Zeit; Jetzt veränderte sich sein Akzent, schockierender als jeder Schrei. „Ich beende das alles!" sagte er mit einer Stimme so schwer wie Stein.

„Dieser Mann kann nicht gewählt werden. Er ist ein-"

„Ja", sagte Syme ganz regungslos, „was ist er?" Gregorys Mund bewegte sich zweimal lautlos; Dann begann das Blut langsam wieder in sein totes Gesicht zu fließen. „Er ist ein Mann, der in unserer Arbeit völlig unerfahren ist", sagte er und setzte sich abrupt.

Bevor er dies getan hatte, war der lange, schlanke Mann mit dem amerikanischen Bart wieder auf den Beinen und wiederholte in einem hohen amerikanischen Monoton:

„Ich bitte darum, die Wahl von Genosse Syme zu unterstützen."

„Der Änderungsantrag wird wie üblich an erster Stelle stehen", sagte Mr. Buttons, der Vorsitzende, mit mechanischer Schnelligkeit.

„Die Frage ist, dass Genosse Syme –"

Gregory war wieder aufgesprungen, keuchend und leidenschaftlich.

„Genossen", rief er, „ich bin kein Verrückter."

„Oh, oh!" sagte Mr. Witherspoon.

„Ich bin kein Verrückter", wiederholte Gregory mit einer erschreckenden Aufrichtigkeit, die für einen Moment den Raum erschüttern ließ, „aber ich gebe Ihnen einen Rat, den Sie, wenn Sie wollen, als verrückt bezeichnen können." Nein, ich werde es nicht als Rat bezeichnen, denn ich kann Ihnen keinen Grund dafür nennen. Ich werde es einen Befehl nennen. Nennen Sie es einen verrückten Befehl, aber handeln Sie danach. Schlag zu, aber höre mich! Töte mich, aber gehorche mir! Wählen Sie diesen Mann nicht." Die Wahrheit ist selbst in Fesseln so schrecklich, dass Symes schlanker und wahnsinniger Sieg für einen Moment wie ein Schilfrohr schwankte. Aber aus Symes trostlosen blauen Augen hätte man es nicht erraten können. Er begann lediglich –

„Genosse Gregory befiehlt –"

Dann wurde der Zauber gebrochen und ein Anarchist rief Gregory zu:

"Wer bist du? Du bist nicht Sonntag;" und ein anderer Anarchist fügte mit schwererer Stimme hinzu: „Und du bist nicht Donnerstag."

„Genossen", rief Gregory mit einer Stimme wie die eines Märtyrers, der in einer Ekstase des Schmerzes über den Schmerz hinausgegangen ist, „es ist mir egal, ob ihr mich als Tyrannen oder als Sklaven verabscheut." Wenn Sie meinem Befehl nicht gehorchen, akzeptieren Sie meine Erniedrigung. Ich knie vor dir. Ich werfe mich dir zu Füßen. Ich flehe dich an. Wählen Sie diesen Mann nicht."

„Genosse Gregory", sagte der Vorsitzende nach einer schmerzhaften Pause, „das ist wirklich nicht ganz würdevoll."

Zum ersten Mal in der Verhandlung herrschte für einige Sekunden echte Stille. Dann fiel Gregory in seinen Sitz zurück, ein bleiches Wrack eines Mannes, und der Vorsitzende wiederholte, als würde ein Uhrwerk plötzlich wieder in Gang kommen:

„Die Frage ist, dass Genosse Syme für das Amt des Donnerstags im Generalrat gewählt wird."

Das Brüllen erhob sich wie das Meer, die Hände erhoben sich wie ein Wald, und drei Minuten später wurde Herr Gabriel Syme vom Geheimpolizeidienst für den Posten des Donnerstags im Generalrat der Anarchisten Europas gewählt.

Jeder im Raum schien den Ruck zu spüren, der am Fluss wartete, den Schwertstock und den Revolver, die auf dem Tisch warteten. In dem Moment, in dem die Wahl beendet und unwiderruflich war und Syme das Papier erhalten hatte, das seine Wahl bestätigte, sprangen sie alle auf, und die feurigen Gruppen bewegten sich und vermischten sich im Raum. Irgendwie stand Syme Gregory gegenüber, der ihn immer noch mit einem starren Blick voller verblüfftem Hass ansah. Sie schwiegen viele Minuten lang.

„Du bist ein Teufel!" sagte Gregory schließlich.

„Und Sie sind ein Gentleman", sagte Syme ernst.

„Du warst es, der mich gefangen hat", begann Gregory und zitterte von Kopf bis Fuß, „du hast mich gefangen in …"

„Sprechen Sie vernünftig", sagte Syme knapp. „In was für ein Teufelsparlament haben Sie mich verwickelt, wenn es dazu kommt? Du hast mich zum Fluchen gebracht, bevor ich dich dazu gebracht habe. Vielleicht tun wir beide das, was wir für richtig halten. Aber was wir für richtig halten, ist so verdammt unterschiedlich, dass es zwischen uns nichts geben kann, was einem Zugeständnis im Wege steht. Zwischen uns gibt es nichts außer Ehre und Tod", und er zog den großen Umhang um seine Schultern und nahm die Flasche vom Tisch.

„Das Boot ist ganz fertig", sagte Mr. Buttons und eilte herbei. „Sei gut genug, diesen Weg zu gehen."

Mit einer Geste, die den Ladengänger erkennen ließ, führte er Syme durch einen kurzen, eisenbeschlagenen Gang, während der immer noch gequälte Gregory fieberhaft hinter ihnen her folgte. Am Ende des Durchgangs befand sich eine Tür, die Buttons ruckartig öffnete und plötzlich ein blau-silbernes Bild des mondbeschienenen Flusses zeigte, das wie eine Szene in einem Theater aussah. In der Nähe der Öffnung lag eine dunkle, zwergenförmige Dampfbarkasse, die wie ein kleiner Drache mit einem roten Auge aussah.

Kaum war Gabriel Syme an Bord gegangen, wandte er sich an den gaffenden Gregory.

„Du hast dein Wort gehalten", sagte er sanft, sein Gesicht im Schatten. „Sie sind ein Ehrenmann , und ich danke Ihnen. Sie haben es bis auf eine Kleinigkeit beschränkt. Es gab etwas Besonderes, das Sie mir zu Beginn der Affäre versprochen haben und das Sie mir am Ende sicherlich gegeben haben."

"Wie meinst du das?" rief der chaotische Gregory. „Was habe ich dir versprochen?"

„Ein sehr unterhaltsamer Abend", sagte Syme und salutierte militärisch mit dem Schwertstock, als das Dampfschiff davonglitt.

KAPITEL IV.
DIE GESCHICHTE EINES DETEKTIVS

Gabriel Syme war nicht nur ein Detektiv, der vorgab, ein Dichter zu sein; er war wirklich ein Dichter, der zum Detektiv geworden war. Sein Hass auf die Anarchie war auch nicht heuchlerisch. Er gehörte zu denen, die durch die verblüffende Torheit der meisten Revolutionäre schon früh in eine zu konservative Haltung getrieben wurden. Er hatte es nicht durch irgendeine zahme Tradition erreicht. Seine Seriosität kam spontan und plötzlich, eine Rebellion gegen die Rebellion. Er stammte aus einer Familie von Spinnern, in der alle Ältesten die neuesten Ideen hatten. Einer seiner Onkel lief immer ohne Hut herum, und ein anderer hatte einen erfolglosen Versuch unternommen, nur mit Hut und sonst nichts herumzulaufen. Sein Vater pflegte Kunst und Selbstverwirklichung ; Seine Mutter legte großen Wert auf Einfachheit und Hygiene. Daher kannte das Kind in seinen zarten Jahren überhaupt kein Getränk zwischen den Extremen Absinth und Kakao, gegen die es eine gesunde Abneigung hegte. Je mehr seine Mutter eine mehr als puritanische Abstinenz predigte, desto mehr expandierte sein Vater in eine mehr als heidnische Welt; und als die ersteren dazu kamen, den Vegetarismus durchzusetzen, waren die letzteren schon so weit gekommen, dass sie den Kannibalismus verteidigten.

Da Gabriel von Kindesbeinen an von jeder nur erdenklichen Art von Revolte umgeben war, musste er sich gegen etwas auflehnen, und so revoltierte er gegen das Einzige, was noch übrig war: die Vernunft. Aber in ihm steckte gerade genug Blut dieser Fanatiker, um selbst seinen Protest für den gesunden Menschenverstand ein wenig zu heftig erscheinen zu lassen, um vernünftig zu sein. Sein Hass auf die moderne Gesetzlosigkeit wurde auch durch einen Zufall gekrönt. Es geschah, dass er gerade in einer Seitenstraße spazierte, als es zu einem Sprengstoffanschlag kam. Er war für einen Moment blind und taub gewesen, und dann hatte er gesehen, wie sich der Rauch verzog, die zerbrochenen Fenster und die blutenden Gesichter. Danach verhielt er sich wie immer – ruhig, höflich, eher sanft; Aber es gab einen Punkt in seinem Kopf, der nicht gesund war. Er betrachtete Anarchisten nicht, wie die meisten von uns, als eine Handvoll krankhafter Männer, die Unwissenheit mit Intellektualismus verbinden. Er betrachtete sie als eine riesige und erbarmungslose Gefahr, wie eine chinesische Invasion.

Er überschüttete die Zeitungen und deren Papierkörbe fortwährend mit einer Flut von Geschichten, Versen und gewalttätigen Artikeln und warnte die Menschen vor dieser Flut barbarischer Leugnung. Aber er schien seinem Feind nicht näher zu kommen und, was noch schlimmer war, seinem

Lebensunterhalt nicht näher zu kommen. Als er am Ufer der Themse auf und ab ging, bitterlich in eine billige Zigarre kaute und über den Vormarsch der Anarchie nachdachte, gab es keinen Anarchisten mit einer Bombe in der Tasche, der so wild oder so einsam war wie er. Tatsächlich hatte er immer das Gefühl, dass die Regierung allein und verzweifelt mit dem Rücken zur Wand stand. Er war zu weltfremd, um sich anders darum zu kümmern.

Er ging einmal unter einem dunkelroten Sonnenuntergang über die Uferpromenade. Der rote Fluss spiegelte den roten Himmel wider und beide spiegelten seine Wut wider. Der Himmel war in der Tat so dunkel und das Licht auf dem Fluss vergleichsweise so grell, dass das Wasser fast von heftigeren Flammen aussah als der Sonnenuntergang, den es widerspiegelte. Es sah aus wie ein Strom aus buchstäblichem Feuer, der sich durch die riesigen Höhlen eines unterirdischen Landes schlängelte.

Syme war damals schäbig. Er trug einen altmodischen schwarzen Kaminhut; er war in einen noch altmodischeren Umhang gehüllt, schwarz und zerlumpt; und diese Kombination verlieh ihm das Aussehen der frühen Bösewichte in Dickens und Bulwer Lytton. Auch sein gelber Bart und sein Haar waren ungepflegter und löwenhafter als damals, als sie lange danach, geschnitten und spitz, auf den Rasenflächen von Saffron Park auftauchten. Eine lange, schlanke, schwarze Zigarre, die er in Soho für zwei Pence gekauft hatte, ragte zwischen seinen zusammengebissenen Zähnen hervor, und insgesamt sah er wie ein sehr zufriedenstellendes Beispiel der Anarchisten aus, denen er einen heiligen Krieg geschworen hatte. Vielleicht sprach ihn deshalb ein Polizist am Ufer an und sagte „Guten Abend.“

Syme, der sich in einer Krise seiner krankhaften Ängste um die Menschheit befand, schien von der bloßen Sturheit des automatischen Beamten getroffen zu werden, einem bloßen blauen Klumpen im Zwielicht.

„Ein schöner Abend, nicht wahr?“ sagte er scharf. „Ihr würdet das Ende der Welt einen guten Abend nennen. Schau dir diese verdammt rote Sonne und diesen verdammten Fluss an! Ich sage dir, wenn das buchstäblich menschliches Blut wäre, vergossen und glänzend, würdest du immer noch so fest hier stehen wie eh und je und nach einem armen, harmlosen Landstreicher Ausschau halten, den du weitermachen könntest. Ihr Polizisten seid grausam gegenüber den Armen, aber ich könnte euch sogar eure Grausamkeit verzeihen, wenn da nicht eure Ruhe wäre.“

„Wenn wir ruhig sind“, antwortete der Polizist, „ist es die Ruhe des organisierten Widerstands.“

„Äh?“ sagte Syme und starrte.

„Mitten im Gefecht muss der Soldat Ruhe bewahren“, forderte der Polizist. „Die Gelassenheit einer Armee ist der Zorn einer Nation.“

„Guter Gott, die Board Schools!" sagte Syme. „Ist das eine überkonfessionelle Bildung?"

„Nein", sagte der Polizist traurig, „ich hatte nie einen dieser Vorteile." Die Board Schools kamen nach meiner Zeit. Ich fürchte, meine Ausbildung war sehr grob und altmodisch."

„Wo hast du es gehabt?" fragte Syme verwundert.

„Oh, in Harrow", sagte der Polizist

Die Klassensympathien, die, so falsch sie auch sein mögen, bei so vielen Menschen das Wahre sind, brachen aus Syme aus, bevor er sie kontrollieren konnte.

„Aber, mein Gott, Mann", sagte er, „du solltest kein Polizist sein!"

Der Polizist seufzte und schüttelte den Kopf.

„Ich weiß", sagte er feierlich, „ich weiß, dass ich es nicht wert bin."

„Aber warum bist du zur Polizei gegangen?" fragte Syme mit grober Neugier.

„Aus dem gleichen Grund, aus dem Sie die Polizei missbraucht haben", antwortete der andere. „Ich fand heraus, dass es im Gottesdienst eine besondere Stelle für diejenigen gab, deren Ängste um die Menschheit sich eher mit den Abweichungen des wissenschaftlichen Intellekts als mit den normalen und entschuldbaren, wenn auch übermäßigen Ausbrüchen des menschlichen Willens befassten. Ich vertraue darauf, dass ich mich klar ausdrücke."

„Wenn Sie meinen, dass Sie Ihre Meinung klar zum Ausdruck bringen", sagte Syme, „dann nehme ich an, dass Sie das tun. Aber was die Klarstellung betrifft, ist das das Letzte, was Sie tun. Wie kommt es, dass ein Mann wie Sie mit einem blauen Helm am Ufer der Themse über Philosophie redet?"

„Sie haben offenbar noch nichts von der neuesten Entwicklung in unserem Polizeisystem gehört", antwortete der andere. „Ich bin darüber nicht überrascht. Wir halten es vor der gebildeten Klasse eher im Dunkeln, weil diese Klasse die meisten unserer Feinde enthält. Aber Sie scheinen genau in der richtigen Stimmung zu sein. Ich denke, Sie könnten sich uns fast anschließen."

„Was machst du mit?" fragte Syme.

„Ich werde es Ihnen sagen ", sagte der Polizist langsam. „Das ist die Situation: Der Leiter einer unserer Abteilungen, einer der berühmtesten Detektive Europas, ist seit langem der Meinung, dass eine rein intellektuelle Verschwörung bald die Existenz der Zivilisation bedrohen würde . Er ist sich sicher, dass die wissenschaftliche und künstlerische Welt stillschweigend an einem Kreuzzug gegen die Familie und den Staat beteiligt ist. Deshalb hat er ein besonderes Korps von Polizisten gebildet, Polizisten, die auch Philosophen sind. Ihre Aufgabe ist es, die Anfänge dieser Verschwörung nicht nur im kriminellen, sondern auch im kontroversen Sinne zu beobachten. Ich bin selbst ein Demokrat und bin mir des Werts des gewöhnlichen Menschen in Angelegenheiten gewöhnlicher Tapferkeit oder Tugend vollkommen bewusst. Aber es wäre offensichtlich unerwünscht, den gewöhnlichen Polizisten bei einer Untersuchung einzusetzen, bei der es sich auch um eine Ketzerjagd handelt."

In Symes Augen strahlte eine mitfühlende Neugier.

"Was machst du dann?" er sagte.

„Die Arbeit des philosophischen Polizisten", antwortete der Mann in Blau, „ist gleichzeitig mutiger und subtiler als die des gewöhnlichen Detektivs." Der gewöhnliche Detektiv geht in die Kneipen, um Diebe zu verhaften; Wir gehen zu künstlerischen Teepartys, um Pessimisten aufzuspüren. Der gewöhnliche Detektiv entdeckt anhand eines Hauptbuchs oder eines Tagebuchs, dass eine Straftat begangen wurde. Aus einem Sonettbuch erfahren wir, dass ein Verbrechen begangen wird. Wir müssen den Ursprung dieser schrecklichen Gedanken aufspüren, die die Menschen schließlich zu intellektuellem Fanatismus und intellektuellem Verbrechen treiben. Wir konnten das Attentat in Hartlepool gerade noch verhindern , und das lag ausschließlich an der Tatsache, dass unser Mr. Wilks (ein kluger junger Kerl) ein Triolett sehr gut verstand."

„Meinen Sie damit", fragte Syme, „dass es tatsächlich einen ebenso großen Zusammenhang zwischen Kriminalität und dem modernen Intellekt gibt?"

„Sie sind nicht demokratisch genug", antwortete der Polizist, „aber Sie hatten Recht, als Sie gerade sagten, dass unsere gewöhnliche Behandlung des armen Verbrechers eine ziemlich brutale Angelegenheit sei. Ich sage Ihnen, ich habe manchmal genug von meinem Beruf, wenn ich sehe, wie ständig er nur einen Krieg gegen die Unwissenden und Verzweifelten bedeutet. Aber diese neue Bewegung von uns ist eine ganz andere Angelegenheit. Wir widersprechen der snobistischen englischen Annahme, dass Ungebildete die gefährlichen Kriminellen seien. Wir erinnern uns an die römischen Kaiser. Wir erinnern uns an die großen Giftfürsten der Renaissance. Wir sagen, dass der gefährliche Kriminelle der gebildete Kriminelle ist. Wir sagen, dass der gefährlichste Verbrecher heutzutage der völlig gesetzlose moderne Philosoph ist. Im Vergleich zu ihm sind Einbrecher und Bigamisten im Wesentlichen moralische Männer; Mein Herz ist bei ihnen. Sie akzeptieren das wesentliche Ideal des Menschen; sie suchen es nur fälschlicherweise.

Diebe respektieren Eigentum. Sie möchten lediglich, dass das Eigentum ihr Eigentum wird, damit sie es vollkommener respektieren können. Aber Philosophen mögen Eigentum als Eigentum nicht; Sie wollen die Idee des persönlichen Besitzes zerstören. Bigamisten respektieren die Ehe, sonst würden sie sich nicht der hochzeremoniellen und sogar rituellen Formalität der Bigamie unterziehen. Aber Philosophen verachten die Ehe als Ehe. Mörder respektieren das menschliche Leben; Sie möchten lediglich eine größere Fülle des menschlichen Lebens in sich selbst erreichen, indem sie scheinbar kleinere Leben opfern. Aber Philosophen hassen das Leben selbst, ihr eigenes ebenso wie das anderer Menschen."

Syme schlug seine Hände zusammen.

„Wie wahr das ist", rief er. „Ich habe es seit meiner Kindheit gespürt, konnte aber nie den verbalen Gegensatz ausdrücken. Der gewöhnliche Verbrecher ist ein schlechter Mensch, aber zumindest ist er sozusagen ein bedingt guter Mensch. Er sagt, wenn nur ein bestimmtes Hindernis beseitigt werde – etwa ein reicher Onkel –, sei er bereit, das Universum zu akzeptieren und Gott zu preisen. Er ist ein Reformer, aber kein Anarchist. Er möchte das Gebäude reinigen, aber nicht zerstören. Aber der böse Philosoph versucht nicht, die Dinge zu ändern, sondern sie zu vernichten. Ja, die moderne Welt hat all jene Teile der Polizeiarbeit beibehalten, die wirklich unterdrückend und schändlich sind, die Drangsalierung der Armen, das Ausspionieren der Unglücklichen. Sie hat ihre würdigere Aufgabe aufgegeben, die Bestrafung mächtiger Verräter im Staat und mächtiger Häresiarchen in der Kirche. Die Modernen sagen, wir dürfen Ketzer nicht bestrafen. Mein einziger Zweifel ist, ob wir das Recht haben, andere zu bestrafen."

„Aber das ist absurd!" rief der Polizist und faltete die Hände mit einer Aufregung, die für Personen seiner Figur und seines Kostüms ungewöhnlich ist, „aber es ist unerträglich! Ich weiß nicht, was du tust, aber du verschwendest dein Leben. Sie müssen und sollen sich unserer Spezialarmee gegen die Anarchie anschließen. Ihre Armeen stehen an unseren Grenzen. Ihr Bolzen ist bereit zu fallen. Noch einen Moment, und Sie verlieren vielleicht den Ruhm, mit uns zusammenzuarbeiten, vielleicht den Ruhm, mit den letzten Helden der Welt zu sterben."

„Das ist sicherlich eine Chance, die man sich nicht entgehen lassen sollte", stimmte Syme zu, „aber ich verstehe es immer noch nicht ganz. Ich weiß genauso gut wie jeder andere, dass die moderne Welt voller gesetzloser kleiner Männer und verrückter kleiner Bewegungen ist. Aber so abscheulich sie auch sind, sie haben im Allgemeinen den einzigen Vorzug, dass sie anderer Meinung sind. Wie kann man davon sprechen, dass sie eine Armee anführen oder einen Bolzen schleudern? Was ist diese Anarchie?"

„Verwechseln Sie es nicht", antwortete der Polizist, „mit diesen zufälligen Dynamitausbrüchen aus Russland oder Irland, die in Wirklichkeit die Ausbrüche unterdrückter Männer sind, wenn man sich irrt. Dies ist eine riesige philosophische Bewegung, die aus einem äußeren und einem inneren Ring besteht. Man könnte den äußeren Ring sogar Laien und den inneren Ring Priestertum nennen. Ich nenne den äußeren Ring lieber den unschuldigen Abschnitt, den inneren Ring den überaus schuldigen Abschnitt. Der äußere Ring – die Mehrheit ihrer Unterstützer – sind lediglich Anarchisten; das heißt, Männer, die glauben, dass Regeln und Formeln das menschliche Glück zerstört haben. Sie glauben, dass alle bösen Folgen menschlicher Kriminalität die Folgen des Systems sind, das es Kriminalität nennt. Sie glauben nicht, dass das Verbrechen die Strafe nach sich zieht. Sie glauben, dass die Strafe das Verbrechen geschaffen hat. Sie glauben, dass ein Mann, der sieben Frauen verführte, natürlich so unschuldig davonkommen würde wie die Blumen des Frühlings. Sie glauben, dass sich ein Mann, der einen Taschendiebstahl durchführt , von Natur aus außerordentlich gut fühlen würde. Diese nenne ich den unschuldigen Bereich."

"Oh!" sagte Syme.

„Natürlich sprechen diese Leute daher davon, dass eine glückliche Zeit bevorsteht; „das Paradies der Zukunft"; „Die Menschheit ist von der Knechtschaft des Lasters und der Knechtschaft der Tugend befreit" und so weiter. Und so sprechen auch die Männer des inneren Kreises – das heilige Priestertum. Sie sprechen auch vor applaudierenden Massen vom Glück der Zukunft und der endlich befreiten Menschheit. Aber in ihrem Mund" – und der Polizist senkte die Stimme – „ in ihrem Mund haben diese fröhlichen Sätze eine schreckliche Bedeutung." Sie machen sich keine Illusionen; Sie sind zu intellektuell, um zu glauben, dass der Mensch auf dieser Erde jemals ganz frei von der Erbsünde und dem Kampf sein kann. Und sie bedeuten den Tod. Wenn sie sagen, dass die Menschheit endlich frei sein wird, meinen sie, dass die Menschheit Selbstmord begehen wird. Wenn sie von einem Paradies ohne Richtig und Falsch sprechen, meinen sie das Grab.

„Sie haben nur zwei Ziele: Zuerst die Menschheit und dann sich selbst zu zerstören. Deshalb werfen sie Bomben, statt Pistolen abzufeuern. Die unschuldige Basis ist enttäuscht, weil die Bombe den König nicht getötet hat; aber die Hohepriesterschaft ist froh, weil sie jemanden getötet hat."

„Wie kann ich mitmachen?" fragte Syme mit einer Art Leidenschaft.

„Ich weiß mit Sicherheit, dass derzeit eine Stelle frei ist", sagte der Polizist, „da ich die Ehre habe , einigermaßen im Vertrauen des Chefs zu stehen, von dem ich gesprochen habe. Du solltest wirklich vorbeikommen und ihn sehen. Oder besser gesagt, ich würde nicht sagen: Sehen Sie ihn, niemand sieht ihn jemals; aber du kannst mit ihm reden, wenn du willst."

"Telefon?" fragte Syme interessiert.

„Nein", sagte der Polizist gelassen, „er hat eine Vorliebe dafür, immer in einem stockdunklen Raum zu sitzen." Er sagt, es macht seine Gedanken heller. Kommen Sie doch mit."

Etwas benommen und ziemlich aufgeregt ließ sich Syme zu einer Seitentür in der langen Gebäudereihe von Scotland Yard führen. Kaum wusste er, was er tat, wurde er durch die Hände von etwa vier mittleren Beamten geführt und plötzlich in einen Raum geführt, dessen plötzliche Schwärze ihn wie ein Lichtblitz erschreckte. Es war nicht die gewöhnliche Dunkelheit, in der Formen schwach zu erkennen sind; es war, als würde man plötzlich blind werden.

„Sind Sie der neue Rekrut?" fragte eine schwere Stimme.

Und auf seltsame Weise wusste Syme, obwohl in der Dunkelheit nicht der Schatten einer Gestalt zu sehen war, zwei Dinge: Erstens, dass es von einem Mann von gewaltiger Statur stammte; und zweitens, dass der Mann ihm den Rücken zugewandt hatte.

„Sind Sie der neue Rekrut?" sagte der unsichtbare Häuptling, der anscheinend alles darüber gehört hatte. "In Ordnung. Du bist verlobt."

Syme, völlig überwältigt, wehrte sich schwach gegen diesen unwiderruflichen Satz.

„Ich habe wirklich keine Erfahrung", begann er.

„Niemand hat Erfahrung mit der Schlacht von Armageddon", sagte der andere.

„Aber ich bin wirklich ungeeignet –"

„Du bist bereit, das reicht", sagte der Unbekannte.

„Na ja, wirklich", sagte Syme, „ich kenne keinen Beruf, bei dem bloße Bereitschaft der letzte Test ist."

„Das tue ich", sagte der andere – „ Märtyrer." Ich verurteile dich zum Tode. Guten Tag."

So kam es, dass Gabriel Syme, als er mit seinem schäbigen schwarzen Hut und dem schäbigen, gesetzlosen Umhang wieder ins purpurne Abendlicht trat, als Mitglied des New Detective Corps herauskam, um die große Verschwörung zu vereiteln. Auf Anraten seines Freundes, des Polizisten (der beruflich zur Ordentlichkeit neigte), schnitt er sich Haare und Bart, kaufte einen guten Hut und kleidete sich in einen exquisiten Sommeranzug in Hellblau-Grau mit einer blassgelben Blume im Saum Knopfloch, und wurde, kurz gesagt, zu jener eleganten und ziemlich unerträglichen Person, der

Gregory zum ersten Mal im kleinen Garten von Saffron Park begegnet war. Bevor er schließlich das Polizeigelände verließ, überreichte ihm sein Freund eine kleine blaue Karte, auf der „Der letzte Kreuzzug" und eine Nummer standen, das Zeichen seiner offiziellen Autorität. Er steckte dies sorgfältig in die obere Westentasche, zündete sich eine Zigarette an und machte sich auf den Weg, um den Feind in allen Salons Londons aufzuspüren und zu bekämpfen. Wohin ihn sein Abenteuer letztendlich führte, haben wir bereits gesehen. Ungefähr um halb eins an einem Februarabend dampfte er in einem kleinen Schlepper die stille Themse hinauf, bewaffnet mit Stockschwert und Revolver, dem ordnungsgemäß gewählten Donnerstag des Zentralrats der Anarchisten.

Als Syme den Dampfschlepper betrat, hatte er das einzigartige Gefühl, in etwas völlig Neues einzutauchen; nicht nur in die Landschaft eines neuen Landes, sondern sogar in die Landschaft eines neuen Planeten. Das lag vor allem an der wahnsinnigen, aber dennoch soliden Entscheidung dieses Abends, zum Teil aber auch an einer völligen Veränderung des Wetters und des Himmels, seit er die kleine Taverne etwa zwei Stunden zuvor betreten hatte. Jede Spur des leidenschaftlichen Gefieders des wolkigen Sonnenuntergangs war weggefegt, und ein nackter Mond stand am nackten Himmel. Der Mond war so stark und voll, dass er (durch ein oft zu beobachtendes Paradoxon) wie eine schwächere Sonne schien. Es erweckte nicht den Eindruck von hellem Mondschein, sondern eher von totem Tageslicht.

Über der ganzen Landschaft lag eine leuchtende und unnatürliche Verfärbung, wie von der verhängnisvollen Dämmerung, von der Milton sprach, als würde sie von der Sonne bei einer Sonnenfinsternis ausgeschüttet; so dass Syme leicht in seinen ersten Gedanken verfiel, dass er tatsächlich auf einem anderen und leereren Planeten war, der um einen traurigeren Stern kreiste. Aber je mehr er diese glitzernde Trostlosigkeit im mondbeschienenen Land spürte, desto mehr glühte seine eigene ritterliche Torheit in der Nacht wie ein großes Feuer. Sogar die gewöhnlichen Dinge, die er bei sich trug – das Essen und der Brandy und die geladene Pistole – bekamen genau die konkrete und materielle Poesie, die ein Kind empfindet, wenn es eine Waffe auf eine Reise oder ein Brötchen mit ins Bett nimmt. Der Schwertstock und die Brandyflasche, obwohl sie an sich nur Werkzeuge krankhafter Verschwörer waren, wurden zum Ausdruck seiner eigenen, gesünderen Romanze. Der Schwertstock wurde fast zum Schwert des Rittertums und der Branntwein zum Wein des Steigbügelbechers. Denn selbst die am stärksten entmenschlichten modernen Fantasien basieren auf einer älteren und einfacheren Figur; Die Abenteuer mögen verrückt sein, aber der Abenteurer muss vernünftig sein. Der Drache ohne St. Georg wäre nicht einmal grotesk. Diese unmenschliche Landschaft wurde also nur durch die Anwesenheit eines wirklich menschlichen Mannes eingebildet. Für Symes übertriebenen Verstand wirkten die hellen, kahlen Häuser und Terrassen an der Themse so leer wie die Berge des Mondes. Aber auch der Mond ist nur deshalb poetisch, weil im Mond ein Mensch ist.

Der Schlepper wurde von zwei Männern bedient und ging mit viel Mühe vergleichsweise langsam voran. Der klare Mond, der Chiswick erleuchtet hatte, war untergegangen, als sie an Battersea vorbeikamen, und als sie unter die enorme Masse von Westminster kamen, begann bereits der Tag anzubrechen. Es zerbrach wie das Zersplittern großer Bleibarren und zeigte Silberbarren; und diese hatten wie weißes Feuer aufgehellt, als der Schlepper seinen Kurs änderte und nach innen zu einer großen Anlegestelle etwas hinter Charing Cross abbog.

Die großen Steine des Dammes wirkten ebenso dunkel und riesig, als Syme zu ihnen aufblickte. Sie waren groß und schwarz vor der riesigen weißen Morgendämmerung. Sie gaben ihm das Gefühl, als würde er auf den kolossalen Stufen eines ägyptischen Palastes landen; und tatsächlich passte die Sache zu seiner Stimmung, denn in seinen eigenen Gedanken war er im Begriff, die soliden Throne schrecklicher und heidnischer Könige anzugreifen. Er sprang auf eine schleimige Stufe aus dem Boot und stand als dunkle, schlanke Gestalt inmitten des riesigen Mauerwerks. Die beiden Männer im Schlepper vertrösteten sie erneut und drehten flussaufwärts. Sie hatten noch nie ein Wort gesprochen.

KAPITEL V.
DAS FEST DER ANGST

Zuerst kam Syme die große Steintreppe so verlassen vor wie eine Pyramide; Doch bevor er oben ankam, hatte er bemerkt , dass sich ein Mann über die Brüstung des Dammes beugte und auf den Fluss blickte. Von seiner Figur her war er recht konventionell, gekleidet in einen Seidenhut und einen Gehrock der eher formellen Art; Er hatte eine rote Blume im Knopfloch. Als Syme sich ihm Schritt für Schritt näherte, rührte er sich nicht einmal mit der Wimper. und Syme konnte nah genug herankommen, um selbst im trüben, blassen Morgenlicht zu bemerken, dass sein Gesicht lang, blass und intellektuell war und in einem kleinen dreieckigen Büschel dunklen Bartes bis zum Kinn endete, alles andere war glatt rasiert . Diese Haarsträhne schien fast ein bloßes Versehen zu sein; Der Rest des Gesichts war von der Art, die man am besten rasiert – klar geschnitten, asketisch und auf seine Weise edel. Syme kam immer näher und bemerkte das alles, und noch immer rührte sich die Gestalt nicht.

Zuerst hatte Syme ein Instinkt gesagt, dass dies der Mann war, den er treffen sollte. Als er dann sah, dass der Mann kein Zeichen gab, war er zu dem Schluss gekommen, dass er es nicht tat. Und nun war er wieder zu der Gewissheit zurückgekehrt, dass der Mann etwas mit seinem verrückten Abenteuer zu tun hatte. Denn der Mann blieb stiller, als es natürlich gewesen wäre, wenn ein Fremder so nahe gekommen wäre. Er war bewegungslos wie eine Wachsfigur und ging auf die gleiche Weise auf die Nerven. Syme blickte immer wieder auf das blasse, würdevolle und zarte Gesicht, und das Gesicht blickte immer noch ausdruckslos auf die andere Seite des Flusses. Dann zog er den Zettel von Buttons, der seine Wahl bestätigte, aus seiner Tasche und legte ihn vor dieses traurige und schöne Gesicht. Dann lächelte der Mann, und sein Lächeln war ein Schock, denn es war alles einseitig und verlief in der rechten Wange nach oben und in der linken nach unten.

Rational gesehen gab es nichts, was irgendjemandem Angst machen könnte. Viele Menschen haben diesen nervösen Trick eines schiefen Lächelns, und für viele ist es sogar attraktiv. Aber in allen Lebensumständen von Syme, in der dunklen Morgendämmerung, in der tödlichen Besorgung und in der Einsamkeit auf den großen, tropfenden Steinen, war etwas Beunruhigendes darin.

Da war der stille Fluss und der stille Mann, ein Mann mit geradezu klassischem Gesicht. Und da war die letzte alptraumhafte Berührung, dass sein Lächeln plötzlich schief ging.

Der Anfall des Lächelns trat augenblicklich ein, und das Gesicht des Mannes verfiel sofort in seine harmonische Melancholie. Er sprach ohne weitere Erklärung oder Nachfrage, wie ein Mann, der mit einem alten Kollegen spricht.

„Wenn wir zum Leicester Square gehen", sagte er, „werden wir gerade rechtzeitig zum Frühstück sein. Der Sonntag besteht immer auf einem frühen Frühstück. Hast du geschlafen?"

„Nein", sagte Syme.

„Ich auch nicht", antwortete der Mann in einem gewöhnlichen Ton. „Ich werde versuchen, nach dem Frühstück ins Bett zu gehen."

Er sprach mit beiläufiger Höflichkeit, aber mit einer völlig toten Stimme, die dem Fanatismus in seinem Gesicht widersprach. Es kam ihm fast so vor, als ob alle freundlichen Worte für ihn leblose Annehmlichkeiten wären und sein einziges Leben der Hass sei. Nach einer Pause sprach der Mann erneut.

„Natürlich hat Ihnen der Sekretär der Zweigstelle alles gesagt, was man erzählen kann. Aber das Einzige, was niemals erzählt werden kann, ist die letzte Idee des Präsidenten, denn seine Ideen wachsen wie ein Tropenwald. Falls Sie es also nicht wissen, sage ich Ihnen besser, dass er seine Absicht, uns zu verbergen, in die Tat umsetzt, indem er uns gerade jetzt nicht bis zu den außergewöhnlichsten Ausmaßen verbirgt. Ursprünglich trafen wir uns natürlich wie Ihre Zweigstelle in einer unterirdischen Zelle. Am Sonntag mussten wir dann ein Privatzimmer in einem gewöhnlichen Restaurant beziehen. Er sagte, wenn du dich nicht zu verstecken scheinst, würde dich niemand aufspüren. Nun, er ist der einzige Mann auf der Erde, das weiß ich; aber manchmal denke ich wirklich, dass sein riesiges Gehirn im Alter ein wenig verrückt spielt. Im Moment stellen wir uns vor der Öffentlichkeit zur Schau. Wir frühstücken auf einem Balkon – auf einem Balkon, wenn Sie so wollen – mit Blick auf den Leicester Square."

„Und was sagen die Leute?" fragte Syme.

„Es ist ganz einfach, was sie sagen", antwortete sein Führer. „Sie sagen, wir seien viele fröhliche Herren, die so tun, als wären sie Anarchisten."

„Das scheint mir eine sehr clevere Idee zu sein", sagte Syme.

"Clever! Gott vergiss deine Unverschämtheit! Clever!" rief der andere mit plötzlicher, schriller Stimme, die ebenso verblüffend und unharmonisch war wie sein schiefes Lächeln. „Wenn du Sunday nur für den Bruchteil einer Sekunde gesehen hast, wirst du aufhören, ihn schlau zu nennen."

Damit verließen sie eine schmale Straße und sahen, wie das frühe Sonnenlicht den Leicester Square füllte. Man wird vermutlich nie erfahren, warum dieser Platz selbst so fremdartig und in gewisser Weise so kontinental aussehen sollte. Man wird nie erfahren, ob es das fremde Aussehen war, das die Ausländer anzog, oder ob es die Ausländer waren, die ihm das fremde Aussehen verliehen. Aber an diesem besonderen Morgen schien der Effekt einzigartig hell und klar. Zwischen dem offenen Platz und den sonnenbeschienenen Blättern und der Statue und den sarazenischen Umrissen der Alhambra wirkte es wie die Nachbildung eines französischen oder sogar spanischen öffentlichen Ortes. Und dieser Effekt verstärkte in Syme das Gefühl, das er während des gesamten Abenteuers in vielerlei Hinsicht gehabt hatte, das unheimliche Gefühl, in eine neue Welt verirrt zu sein. Tatsächlich hatte er seit seiner Kindheit am Leicester Square schlechte Zigarren gekauft. Aber als er um die Ecke bog und die Bäume und maurischen Kuppeln sah, hätte er schwören können, dass er sich in einen unbekannten Place de irgendwas in einer fremden Stadt verwandelte.

An einer Ecke des Platzes ragte eine Art Winkel eines wohlhabenden, aber ruhigen Hotels hervor, dessen Großteil zu einer Straße dahinter gehörte. In der Wand befand sich ein großes französisches Fenster, wahrscheinlich das Fenster eines großen Kaffeezimmers; Und vor diesem Fenster, das fast buchstäblich über den Platz hinausragte, befand sich ein gewaltiger, mit Stützen versehener Balkon, der groß genug war, um einen Esstisch aufzunehmen. Tatsächlich enthielt es einen Esstisch, oder genauer gesagt, einen Frühstückstisch; Und rund um den Frühstückstisch saß, leuchtend im Sonnenlicht und auf der Straße sichtbar, eine Gruppe lauter und gesprächiger Männer, alle in der Unverschämtheit der Mode gekleidet, mit weißen Westen und teuren Knopflöchern. Einige ihrer Witze waren fast über den ganzen Platz zu hören. Dann lächelte der ernste Sekretär unnatürlich, und Syme wusste, dass diese ausgelassene Frühstücksparty das geheime Konklave der European Dynamiters war.

Dann, als Syme sie weiterhin anstarrte, sah er etwas, das er zuvor noch nicht gesehen hatte. Er hatte es nicht im wahrsten Sinne des Wortes gesehen, weil es zu groß war, um es zu sehen. Am nächsten Ende des Balkons befand sich der Rücken eines riesigen Berges von einem Mann, der einen großen Teil der Perspektive versperrte. Als Syme ihn gesehen hatte, war sein erster Gedanke, dass sein Gewicht den steinernen Balkon zum Einsturz bringen musste. Seine Größe beruhte nicht nur auf der Tatsache, dass er ungewöhnlich groß und unglaublich dick war. Dieser Mann war in seinen ursprünglichen Proportionen enorm geplant, wie eine bewusst kolossal geschnitzte Statue. Sein mit weißem Haar gekrönter Kopf wirkte von hinten gesehen größer, als ein Kopf sein sollte. Die daraus hervorstehenden Ohren sahen größer aus als menschliche Ohren. Er war furchtbar maßstabsgetreu vergrößert; und dieses Gefühl der Größe war so überwältigend, dass, als Syme ihn sah, alle anderen Gestalten ganz plötzlich zu schrumpfen und zu

Zwergen zu werden schienen. Sie saßen immer noch da wie zuvor mit ihren Blumen und Gehröcken, aber jetzt sah es so aus, als würde der große Mann fünf Kinder zum Tee einladen.

Als Syme und der Reiseleiter sich der Seitentür des Hotels näherten, kam ein Kellner heraus, der mit allen Zähnen lächelte.

„Die Herren sind da oben, Sare ", sagte er. „Sie reden und lachen über das, was sie reden. Sie sagen, sie würden Bomben auf den König werfen."

Und der Kellner eilte mit einer Serviette über dem Arm davon, sehr erfreut über die einzigartige Frivolität der Herren oben.

Schweigend stiegen die beiden Männer die Treppe hinauf.

Syme hatte nie daran gedacht zu fragen, ob der monströse Mann, der den Balkon beinahe füllte und zum Einsturz brachte, der große Präsident war, vor dem die anderen Ehrfurcht hatten. Er wusste, dass es so war, mit unerklärlicher, aber augenblicklicher Gewissheit. Tatsächlich war Syme einer jener Männer, die allen namenlosen psychologischen Einflüssen in einem für die psychische Gesundheit ein wenig gefährlichen Ausmaß aufgeschlossen gegenüberstanden. Er war völlig frei von Angst vor physischen Gefahren und viel zu empfindlich gegenüber dem Geruch des spirituellen Bösen. Schon zweimal in dieser Nacht hatten ihn kleine, bedeutungslose Dinge fast lüstern angestarrt und ihm das Gefühl gegeben, dem Hauptquartier der Hölle immer näher zu kommen. Und dieses Gefühl wurde überwältigender, je näher er dem großen Präsidenten kam.

Die Form, die es annahm, war eine kindische und doch hasserfüllte Einbildung. Als er durch den Innenraum zum Balkon ging, wurde das große Gesicht von Sunday immer größer; und Syme hatte die Angst, dass sein Gesicht zu groß sein würde, wenn er ganz nah wäre, und dass er laut schreien würde. Er erinnerte sich, dass er als Kind die Memnon-Maske im British Museum nicht angeschaut hatte, weil sie ein Gesicht war und so groß.

Mit einer Anstrengung, die mutiger war als der Sprung über eine Klippe, ging er zu einem freien Platz am Frühstückstisch und setzte sich. Die Männer begrüßten ihn mit gut gelauntem Gespött, als hätten sie ihn schon immer gekannt. Er ernüchterte sich ein wenig, als er ihre herkömmlichen Mäntel und die solide, glänzende Kaffeekanne betrachtete; dann blickte er noch einmal auf Sonntag. Sein Gesicht war sehr groß, aber es war für die Menschheit immer noch möglich.

In Anwesenheit des Präsidenten wirkte die ganze Gesellschaft recht banal; An ihnen fiel zunächst nichts ins Auge, außer dass sie durch die Laune des Präsidenten mit festlicher Seriosität herausgeputzt worden waren, was dem Essen das Aussehen eines Hochzeitsfrühstücks verlieh. Ein Mann fiel tatsächlich schon auf den ersten Blick auf. Er war zumindest der gewöhnliche oder Garten-Dynamiter. Er trug tatsächlich den hohen weißen Kragen und die Satinkrawatte, die die Uniform dieses Anlasses waren; Aber aus diesem Halsband ragte ein ganz unkontrollierbarer und ganz unverwechselbarer Kopf hervor, ein verwirrender Busch aus braunem Haar und Bart, der die Augen fast verdeckte wie die eines Skye-Terriers. Aber die Augen schauten aus dem Gewirr hervor, und es waren die traurigen Augen eines russischen Leibeigenen. Die Wirkung dieser Figur war nicht schrecklich wie die des Präsidenten, aber sie hatte jede Diablerie, die aus dem absolut Grotesken entstehen kann. Wenn aus dieser steifen Krawatte und dem Halsband plötzlich der Kopf einer Katze oder eines Hundes hervorgekommen wäre, hätte es keinen idiotischeren Kontrast geben können.

Der Name des Mannes schien Gogol zu sein; er war Pole und wurde in diesem Tageskreis Dienstag genannt. Seine Seele und seine Sprache waren unheilbar tragisch; er konnte sich nicht dazu zwingen, die wohlhabende und leichtfertige Rolle zu spielen, die Präsident Sunday von ihm verlangte. Und in der Tat ärgerte sich der Präsident, als Syme ins Amt kam, mit der kühnen Missachtung des öffentlichen Misstrauens, die seine Politik war, über Gogols Unfähigkeit, konventionellen Anstand anzunehmen.

„Unser Freund Dienstag", sagte der Präsident mit tiefer Stimme, die zugleich ruhig und lautstark war, „unser Freund Dienstag scheint die Idee nicht zu begreifen. Er kleidet sich wie ein Gentleman, aber er scheint eine zu große Seele zu sein, um sich wie einer zu benehmen. Er besteht auf den Wegen des Bühnenverschwörers. Wenn nun ein Gentleman mit Zylinder und Gehrock durch London geht, muss niemand wissen, dass er ein Anarchist ist. Aber wenn ein Herr einen Zylinder und einen Gehrock anzieht und dann auf Händen und Knien umhergeht – nun ja, kann er Aufmerksamkeit erregen. Das ist es, was Bruder Gogol tut. Er geht auf Händen und Knien mit einer so unerschöpflichen Diplomatie umher, dass es ihm mittlerweile ziemlich schwer fällt, aufrecht zu gehen."

„Ich bin nicht gut darin, mich zu verbergen", sagte Gogol schmollend mit einem starken ausländischen Akzent; „Ich schäme mich der Sache nicht."

„ Ja, das bist du, mein Junge, und das gilt auch für deine Sache", sagte der Präsident gutmütig. „Du versteckst dich genauso wie jeder andere; aber du schaffst es nicht, siehst du, du bist so ein Arsch! Sie versuchen, zwei inkonsistente Methoden zu kombinieren. Wenn ein Hausbesitzer einen Mann unter seinem Bett findet, wird er wahrscheinlich innehalten, um den Umstand zu bemerken. Aber wenn er unter seinem Bett einen Mann mit Zylinder findet, wirst du mir zustimmen, mein lieber Dienstag, dass er es wahrscheinlich nicht einmal vergessen wird. Als Sie nun unter Admiral Biffins Bett gefunden wurden –"

„Ich bin nicht gut im Täuschen", sagte Dienstag düster und errötete.

„Richtig, mein Junge, richtig", sagte der Präsident mit schwerfälliger Herzlichkeit, „du bist in nichts gut."

Während dieser Gesprächsstrom weiterging, blickte Syme die Männer um ihn herum fester an. Während er das tat, spürte er nach und nach, wie sein ganzes Gefühl für etwas spirituell Seltsames zurückkehrte.

Zuerst hatte er geglaubt, sie hätten alle die gleiche Statur und Kleidung, mit der offensichtlichen Ausnahme des haarigen Gogol. Aber als er die anderen betrachtete, begann er in jedem von ihnen genau das zu sehen, was er in dem Mann am Fluss gesehen hatte, irgendwo ein dämonisches Detail. Dieses schiefe Lachen, das plötzlich das schöne Gesicht seines ursprünglichen Führers entstellen würde, war typisch für alle diese Typen. Jeder Mann hatte etwas an sich, das vielleicht auf den zehnten oder zwanzigsten Blick erkannt wurde, das nicht normal war und kaum menschlich wirkte. Die einzige Metapher, die ihm einfiel, war diese, dass sie alle so aussahen, wie Männer von Mode und Präsenz aussehen würden, mit der zusätzlichen Wendung, die ihnen ein falscher und gebogener Spiegel verlieh.

Nur die einzelnen Beispiele werden diese halbverhohlene Exzentrizität zum Ausdruck bringen. Symes ursprünglicher Cicerone trug den Titel Montag; Er war der Sekretär des Rates, und sein verzerrtes Lächeln löste mehr Schrecken aus als alles andere, abgesehen vom schrecklichen, fröhlichen Lachen des Präsidenten. Aber jetzt, da Syme mehr Raum und Licht hatte, um ihn zu beobachten, gab es andere Details. Sein schönes Gesicht war so abgemagert, dass Syme glaubte, es müsse durch eine Krankheit verschwendet worden sein; Doch irgendwie verneinte der Kummer seiner dunklen Augen dies. Es war kein körperliches Leiden, das ihn beunruhigte. Seine Augen waren voller intellektueller Folter, als wäre reiner Gedanke Schmerz.

Er war typisch für jeden Stamm; Jeder Mann lag auf subtile und unterschiedliche Weise falsch. Neben ihm saß am Dienstag der zerzauste Gogol, ein Mann, der offensichtlicher verrückt war. Als nächstes kam Mittwoch ein gewisser Marquis de St. Eustache, eine hinreichend charakteristische Figur. Die ersten paar Blicke zeigten nichts Ungewöhnliches an ihm, außer dass er der einzige Mann am Tisch war, der die modische Kleidung trug, als wären sie wirklich seine eigenen. Er hatte einen schwarzen, kantig geschnittenen französischen Bart und einen noch kantiger geschnittenen schwarzen englischen Gehrock. Aber Syme, der für solche Dinge sensibel war, hatte irgendwie das Gefühl, dass der Mann eine reiche Atmosphäre in sich trug, eine reiche Atmosphäre, die einen erstickte. Es erinnerte einen irrational an schläfrige Gerüche und an sterbende Lampen in den dunkleren Gedichten von Byron und Poe. Damit einher ging das Gefühl, dass er nicht in helleren Farben , sondern in weicheren Materialien gekleidet war; Sein Schwarz schien satter und wärmer als die Schwarztöne um ihn herum, als wäre es aus tiefgründigen Farben zusammengesetzt . Sein schwarzes Fell sah aus, als wäre es nur schwarz, weil es zu stark violett war. Sein schwarzer Bart sah aus, als wäre er nur schwarz, weil er zu tiefblau war. Und in der Dunkelheit und Dichte des Bartes wirkte sein dunkelroter Mund sinnlich und verächtlich. Was auch immer er war, er war kein Franzose; er könnte ein Jude sein; er könnte etwas sein, das tiefer im dunklen Herzen des Ostens steckt. Auf den farbenfrohen persischen Kacheln und Bildern, die Tyrannen auf der Jagd zeigen, sieht man vielleicht nur diese mandelförmigen Augen, diese blauschwarzen Bärte, diese grausamen, purpurroten Lippen.

Dann kam Syme und als nächstes ein sehr alter Mann, Professor de Worms, der immer noch den Freitagsstuhl innehatte, obwohl jeden Tag erwartet wurde, dass sein Tod ihn leer lassen würde. Abgesehen von seinem Intellekt befand er sich in der letzten Auflösung des Altersverfalls. Sein Gesicht war so grau wie sein langer grauer Bart, seine Stirn war angehoben und schließlich in einer Furche milder Verzweiflung fixiert. In keinem anderen Fall, nicht einmal bei Gogol, drückte der Glanz des Morgenkleides des Bräutigams einen schmerzhafteren Kontrast aus. Denn die rote Blume in seinem Knopfloch tauchte vor einem Gesicht auf, das buchstäblich wie Blei verfärbt war ; Die ganze abscheuliche Wirkung war, als hätten ein paar betrunkene Dandys ihre Kleider über eine Leiche gestülpt. Wenn er aufstand oder sich hinsetzte, was mit langer Arbeit und Gefahr verbunden war, drückte sich etwas Schlimmeres aus als bloße Schwäche, etwas, das undefinierbar mit dem Schrecken der ganzen Szene verbunden war. Es drückte nicht nur Altersschwäche aus, sondern auch Korruption. Eine weitere hasserfüllte Fantasie ging Syme durch den zitternden Geist. Er konnte sich des Gedankens nicht erwehren, dass bei jeder Bewegung des Mannes ein Bein oder ein Arm abfallen könnte.

Ganz am Ende saß der Mann namens „Saturday“, der einfachste und verwirrendste von allen. Er war ein kleiner, stämmiger Mann mit dunklem, eckigem Gesicht und glattrasiert, ein Arzt namens Bull. Er verfügte über jene Kombination aus *Savoir-faire* und einer Art gepflegter Grobheit, die bei jungen Ärzten nicht ungewöhnlich ist. Er trug seine feine Kleidung eher mit Selbstvertrauen als mit Leichtigkeit, und er trug größtenteils ein gelassenes Lächeln. An ihm war überhaupt nichts Merkwürdiges, außer dass er eine dunkle, fast undurchsichtige Brille trug. Vielleicht war es nur ein Crescendo nervöser Fantasie, aber diese schwarzen Scheiben waren für Syme schrecklich; Sie erinnerten ihn an halb vergessene hässliche Geschichten, an eine Geschichte über Pennys, die auf die Augen der Toten gelegt wurden. Symes Blick fiel immer auf die schwarze Brille und das blinde Grinsen. Hätte der sterbende Professor oder sogar der blasse Sekretär sie getragen, wären sie angemessen gewesen. Aber für den jüngeren und gröberen Mann schienen sie nur ein Rätsel zu sein. Sie haben den Schlüssel zum Gesicht weggenommen. Man konnte nicht sagen, was sein Lächeln oder seine Ernsthaftigkeit bedeuteten. Teils aus diesem Grund und teils, weil er eine vulgäre Männlichkeit besaß, die den meisten anderen fehlte, schien es Syme, dass er der böseste aller dieser bösen Männer sein könnte. Syme hatte sogar den Gedanken, dass seine Augen möglicherweise verdeckt waren, weil sie zu schrecklich waren, um sie zu sehen.

KAPITEL VI.
DIE BELICHTUNG

Das waren die sechs Männer, die geschworen hatten, die Welt zu zerstören. Immer wieder bemühte sich Syme, in ihrer Gegenwart seinen gesunden Menschenverstand zusammenzubringen. Manchmal erkannte er für einen Moment, dass diese Vorstellungen subjektiv waren, dass er nur gewöhnliche Männer betrachtete, von denen einer alt, ein anderer nervös und ein anderer kurzsichtig war. Das Gefühl einer unnatürlichen Symbolik überkam ihn immer wieder. Jede Figur schien sich irgendwie im Grenzgebiet der Dinge zu befinden, genauso wie ihre Theorie im Grenzgebiet des Denkens lag. Er wusste, dass jeder dieser Männer sozusagen am äußersten Ende einer wilden Denkweise stand. Er konnte sich nur vorstellen, wie in einer alten Fabel, dass ein Mensch, wenn er nach Westen bis ans Ende der Welt ginge , etwas finden würde – sagen wir einen Baum –, der mehr oder weniger als ein Baum war, ein Baum, der von einem Geist besessen war; und dass er, wenn er nach Osten bis ans Ende der Welt ginge, etwas anderes finden würde, das nicht ganz es selbst war – vielleicht einen Turm, dessen Form schon böse war. So schienen diese Gestalten gewalttätig und unerklärlich vor einem ultimativen Horizont zu stehen, Visionen vom Rande. Die Enden der Welt näherten sich.

Während er sich die Szene ansah, redete er ununterbrochen weiter; Und nicht der geringste Kontrast dieses verwirrenden Frühstückstisches war der Kontrast zwischen dem lockeren und unaufdringlichen Ton der Rede und ihrer schrecklichen Bedeutung. Sie waren tief in die Diskussion einer tatsächlichen und unmittelbaren Handlung vertieft. Der Kellner unten hatte ganz richtig gesprochen, als er sagte, es handele sich um Bomben und Könige. Nur drei Tage später sollte der Zar den Präsidenten der Französischen Republik in Paris treffen, und bei Speck und Eiern auf ihrem sonnigen Balkon hatten diese strahlenden Herren beschlossen, wie beide sterben sollten. Sogar das Instrument wurde ausgewählt; Es schien, dass der schwarzbärtige Marquis die Bombe tragen sollte.

Normalerweise hätte die Nähe dieses positiven und objektiven Verbrechens Syme ernüchtert und ihn von all seinen lediglich mystischen Zittern geheilt. Er hätte an nichts anderes gedacht als an die Notwendigkeit, mindestens zwei menschliche Körper davor zu bewahren, mit Eisen und tosendem Gas in Stücke gerissen zu werden. Aber die Wahrheit war, dass er zu diesem Zeitpunkt begonnen hatte, eine dritte Art von Angst zu verspüren, die durchdringender und praktischer war als seine moralische Abneigung oder seine soziale Verantwortung. Ganz einfach: Er hatte keine Angst vor dem französischen Präsidenten oder dem Zaren; er hatte begonnen, um sich selbst zu fürchten. Die meisten Redner schenkten ihm kaum Beachtung und debattierten jetzt mit näher beieinander liegenden Gesichtern und fast durchgehend ernster Miene, außer dass für einen Moment das Lächeln des Sekretärs schräg über sein Gesicht huschte, so wie die gezackten Blitze schräg über den Himmel laufen. Aber es gab eine hartnäckige Sache, die Syme zunächst beunruhigte und ihn schließlich in Angst und Schrecken versetzte. Der Präsident blickte ihn stets fest und mit großem und verblüffendem Interesse an. Der riesige Mann war ganz still, aber seine blauen Augen traten aus seinem Kopf hervor. Und sie waren immer auf Syme fixiert.

Syme verspürte das Gefühl, aufzuspringen und über den Balkon zu springen. Als der Präsident ihn ansah, kam es ihm vor, als wäre er aus Glas. Er hatte kaum den geringsten Zweifel daran, dass Sunday auf irgendeine stille und außergewöhnliche Weise herausgefunden hatte, dass er ein Spion war. Er schaute über den Rand des Balkons und sah einen Polizisten, der geistesabwesend direkt darunter stand und auf das helle Geländer und die sonnenbeschienenen Bäume starrte.

Dann überkam ihn die große Versuchung, die ihn viele Tage lang quälen sollte. In der Gegenwart dieser mächtigen und abstoßenden Männer, die die Fürsten der Anarchie waren, hatte er die zerbrechliche und phantasievolle Gestalt des Dichters Gregory, des bloßen Ästheten des Anarchismus, fast vergessen. Er dachte jetzt sogar mit einer alten Freundlichkeit an ihn, als hätten sie als Kinder zusammen gespielt. Aber er erinnerte sich, dass ihn immer noch ein großes Versprechen mit Gregory verband. Er hatte versprochen, niemals genau das zu tun, was er jetzt fast tun wollte. Er hatte versprochen, nicht über den Balkon zu springen und mit dem Polizisten zu sprechen. Er nahm seine kalte Hand von der kalten Steinbalustrade. Seine Seele schwankte im Schwindel moralischer Unentschlossenheit. Er musste nur den Faden eines überstürzten Schwurs zerreißen, den er einer schurkischen Gesellschaft abgelegt hatte, und sein ganzes Leben könnte so offen und sonnig sein wie der Platz unter ihm. Andererseits musste er nur seine veraltete Ehre bewahren und Schritt für Schritt der Macht dieses großen Feindes der Menschheit ausgeliefert werden, dessen Verstand eine Folterkammer war. Wann immer er auf den Platz blickte, sah er den bequemen Polizisten, eine Säule des gesunden Menschenverstandes und der öffentlichen Ordnung. Wann immer er zum Frühstückstisch zurückblickte, sah er, dass der Präsident ihn immer noch schweigend mit großen, unerträglichen Augen musterte.

In all dem Strom seiner Gedanken gab es zwei Gedanken, die ihm nie in den Sinn kamen. Erstens kam es ihm nie in den Sinn, daran zu zweifeln, dass der Präsident und sein Rat ihn vernichten könnten, wenn er weiterhin allein bliebe. Der Ort könnte öffentlich sein, das Projekt könnte unmöglich erscheinen. Aber Sunday war nicht der Mann, der sich so leicht verhalten würde, ohne irgendwie oder irgendwo seine eiserne Falle geöffnet zu haben. Entweder durch anonymes Gift oder einen plötzlichen Straßenunfall, durch Hypnose oder durch Feuer aus der Hölle, der Sonntag könnte ihn mit Sicherheit treffen. Wenn er sich dem Mann widersetzte , war er wahrscheinlich tot, entweder erstarrt auf seinem Stuhl oder lange danach wie durch eine unschuldige Krankheit. Wenn er sofort die Polizei rief, alle verhaftete, alles erzählte und die gesamte Energie Englands gegen sie aufbrachte, würde er wahrscheinlich entkommen; sicherlich nicht anders. Sie waren ein Balkon voller Herren mit Blick auf einen hellen und belebten Platz; aber er fühlte sich bei ihnen nicht sicherer , als wenn sie ein Boot voller bewaffneter Piraten gewesen wären, die über ein leeres Meer blickten.

Es gab einen zweiten Gedanken, der ihm nie in den Sinn kam. Es kam ihm nie in den Sinn, sich geistig für den Feind zu gewinnen. Viele moderne Menschen, die an eine schwache Verehrung des Intellekts und der Macht gewöhnt waren, wären angesichts dieser Unterdrückung einer großen Persönlichkeit möglicherweise in ihrer Loyalität ins Wanken geraten. Sie hätten Sunday den Supermann nennen können. Wenn ein solches Geschöpf überhaupt vorstellbar ist, dann sah es mit seiner welterschütternden Abstraktion tatsächlich etwas ähnlich aus, als wäre es eine wandelnde Steinstatue. Mit seinen großen Plänen, die zu offensichtlich waren, um entdeckt zu werden, und mit seinem großen Gesicht, das zu offenherzig war, um verstanden zu werden, hätte man ihn als etwas Übermenschliches bezeichnen können. Aber das war eine Art moderne Gemeinheit, zu der Syme selbst in seiner extremen Morbidität nicht verfallen konnte. Wie jeder Mann war er feige genug, große Gewalt zu fürchten; aber er war nicht feige genug, es zu bewundern.

Die Männer aßen, während sie redeten, und selbst darin waren sie typisch. Dr. Bull und der Marquis aßen lässig und konventionell die besten Dinge auf dem Tisch – kalten Fasan oder Straßburger Kuchen. Aber der Sekretär war Vegetarier und sprach mit einer halben rohen Tomate und einem dreiviertel Glas lauwarmem Wasser ernsthaft über den geplanten Mord. Der alte Professor hatte solche Neigungen, die auf eine widerliche zweite Kindheit schließen ließen. Und selbst in diesem Jahr behielt Präsident Sunday seine merkwürdige Dominanz der bloßen Masse. Denn er aß wie zwanzig Männer; Er aß unglaublich, mit einem erschreckend frischen Appetit, so dass es war, als würde man einer Wurstfabrik zuschauen. Doch immer wieder, wenn er ein Dutzend Fladenbrot verschluckt oder einen Liter Kaffee getrunken hatte, starrte er mit seinem großen Kopf auf die Seite und starrte Syme an.

„Ich habe mich oft gefragt", sagte der Marquis und biss kräftig in eine Scheibe Brot mit Marmelade, „ob es für mich nicht besser wäre, es mit einem Messer zu tun." Die meisten der besten Dinge wurden mit einem Messer herausgebracht. Und es wäre ein neues Gefühl, einem französischen Präsidenten ein Messer zu stechen und es herumzudrehen."

„Sie irren sich", sagte der Sekretär und zog die schwarzen Brauen zusammen. „Das Messer war lediglich der Ausdruck des alten persönlichen Streits mit einem persönlichen Tyrannen. Dynamit ist nicht nur unser bestes Werkzeug, sondern auch unser bestes Symbol. Es ist ein ebenso perfektes Symbol für uns wie der Weihrauch für die Gebete der Christen. Es dehnt sich aus; es zerstört nur, weil es sich ausdehnt; Dennoch zerstört das Denken nur, weil es sich ausdehnt. „Das Gehirn eines Mannes ist eine Bombe", schrie er, ließ plötzlich seine seltsame Leidenschaft los und schlug mit Gewalt auf seinen eigenen Schädel. „Mein Gehirn fühlt sich Tag und Nacht wie eine Bombe an. Es muss expandieren! Es muss expandieren! Das Gehirn eines Menschen muss sich ausdehnen, wenn es das Universum auflöst."

„Ich möchte noch nicht, dass das Universum zerstört wird", sagte der Marquis gedehnt. „Ich möchte viele schreckliche Dinge tun, bevor ich sterbe. An eines habe ich gestern im Bett gedacht."

„Nein, wenn das einzige Ende der Sache nichts ist", sagte Dr. Bull mit seinem sphinxähnlichen Lächeln, „scheint es sich kaum zu lohnen, es zu tun."

Der alte Professor starrte mit trüben Augen an die Decke.

„Jeder Mensch weiß in seinem Herzen", sagte er, „dass es sich nicht lohnt, etwas zu tun."

Es herrschte eine merkwürdige Stille, und dann sagte der Sekretär:

„Wir wandern jedoch vom Punkt ab. Die Frage ist nur, wie Mittwoch den Schlag ausführen soll. Ich gehe davon aus, dass wir alle der ursprünglichen Idee einer Bombe zustimmen sollten. Was die konkreten Vorkehrungen angeht, würde ich vorschlagen, dass er morgen früh zunächst zu …"

Die Rede wurde unter einem riesigen Schatten abgebrochen. Präsident Sunday war aufgestanden und schien den Himmel über ihnen zu füllen.

„Bevor wir das besprechen", sagte er mit leiser, leiser Stimme, „lasst uns in einen Privatraum gehen. Ich habe etwas ganz Besonderes zu sagen."

Syme stand vor allen anderen auf. Endlich war der Moment der Wahl gekommen , die Pistole befand sich an seiner Spitze. Auf dem Bürgersteig, bevor er hören konnte, wie sich der Polizist müßig bewegte und stampfte, denn der Morgen war zwar hell, aber kalt.

Eine Drehorgel auf der Straße spielte plötzlich mit einem Ruck eine fröhliche Melodie. Syme stand angespannt da, als wäre es vor der Schlacht ein Signalhorn gewesen. Er fühlte sich von einem übernatürlichen Mut erfüllt, der aus dem Nichts kam. Diese klingelnde Musik schien erfüllt von der Lebhaftigkeit, der Vulgarität und der irrationalen Tapferkeit der Armen, die in all diesen unreinen Straßen alle an den Anstand und die Wohltätigkeit der Christenheit festhielten. Sein jugendlicher Streich, Polizist zu sein, war aus seinem Gedächtnis verschwunden; er betrachtete sich nicht als den Repräsentanten des Korps von Gentlemen, die in schicke Polizisten verwandelt wurden, oder als den alten Exzentriker, der im dunklen Raum lebte. Aber er fühlte sich als Botschafter all dieser einfachen und freundlichen Menschen auf der Straße, die jeden Tag zur Musik der Drehorgel in die Schlacht zogen. Und dieser hohe Stolz darauf, ein Mensch zu sein, hatte ihn auf unerklärliche Weise in eine unendliche Höhe über die monströsen Männer um ihn herum gehoben. Zumindest für einen Moment blickte er vom sternenübersäten Gipfel des Alltäglichen auf all ihre ausufernden Exzentrizitäten herab. Er empfand gegenüber ihnen allen jene unbewusste und elementare Überlegenheit, die ein tapferer Mann gegenüber mächtigen Tieren oder ein kluger Mann gegenüber mächtigen Irrtümern empfindet . Er wusste, dass er weder die intellektuelle noch die körperliche Stärke von Präsident Sunday besaß; aber in diesem Moment störte es ihn genauso wenig wie die Tatsache, dass er weder die Muskeln eines Tigers noch ein Horn auf der Nase wie ein Nashorn hatte. Alles wurde von der absoluten Gewissheit verschlungen, dass der Präsident Unrecht hatte und dass die Drehorgel recht hatte. In seinem Kopf hallte die unbeantwortbare und schreckliche Binsenweisheit im Lied von Roland wider:

„ Païens ont unerlaubte Handlung und Chrétiens ont droit“,

das im alten nasalen Französisch das Klirren und Stöhnen von großem Eisen hat. Diese Befreiung seines Geistes von der Last seiner Schwäche ging mit der ganz klaren Entscheidung einher, den Tod anzunehmen. Wenn die Leute an der Drehorgel ihren Verpflichtungen aus der alten Welt nachkommen konnten, konnte er das auch. Dieser Stolz, sein Wort zu halten, bestand darin, dass er es den Schurken gegenüber hielt. Es war sein letzter Triumph über diese Verrückten, in ihr dunkles Zimmer zu gehen und für etwas zu sterben, das sie nicht einmal verstehen konnten. Die Drehorgel schien die Marschmelodie mit der Energie und den gemischten Geräuschen eines ganzen Orchesters vorzugeben; und er konnte unter all den Trompeten des Stolzes des Lebens die Trommeln des Stolzes des Todes tief und rollend hören.

Die Verschwörer strömten bereits durch das offene Fenster in die Räume dahinter. Syme ging zuletzt, äußerlich ruhig, aber sein ganzes Gehirn und sein ganzer Körper pulsierten im romantischen Rhythmus. Der Präsident führte sie eine unregelmäßige Seitentreppe hinunter, wie sie auch von Bediensteten benutzt werden könnte, und in einen dunklen, kalten, leeren

Raum mit einem Tisch und Bänken, der wie ein verlassener Sitzungssaal aussah. Als sie alle drinnen waren, schloss und verriegelte er die Tür.

Der erste, der das Wort ergriff, war Gogol, der Unversöhnliche, der vor unartikulierter Beschwerde zu platzen schien.

„ Zso ! Zso !" „„ schrie er mit einer undeutlichen Erregung, wobei sein starker polnischer Akzent fast undurchdringlich wurde. „Du sagst, du nickst gleich. Du sagst, du zeigst dich . Es ist alles Nuzzinks . Wenn Sie nicht darüber reden wollen, geraten Sie in eine dunkle Schublade!"

Freude zu nehmen .

„Du kannst es noch nicht erreichen, Gogol", sagte er väterlich. „Wenn sie erst einmal gehört haben, wie wir auf dem Balkon Unsinn reden, wird es ihnen danach egal sein, wohin wir gehen. Wenn wir zuerst hierher gekommen wären, hätten wir das gesamte Personal am Schlüsselloch haben sollen. Du scheinst nichts über die Menschheit zu wissen."

„Ich sterbe für Zem ", rief der Pole voller Aufregung, „und ich töte Zem-Unterdrücker." Ich interessiere mich nicht für diese Gonzealment -Spiele . Ich würde den Tyrannen auf dem offenen Platz töten ."

„Ich verstehe, ich verstehe", sagte der Präsident und nickte freundlich, während er sich an die Spitze eines langen Tisches setzte. „Zuerst stirbst du für die Menschheit, dann stehst du auf und schlägst ihre Unterdrücker. Also das ist in Ordnung. Und jetzt möchte ich Sie bitten, Ihre schönen Gefühle zu zügeln und sich mit den anderen Herren an diesen Tisch zu setzen. Zum ersten Mal wird heute Morgen etwas Intelligentes gesagt."

Syme setzte sich mit der verstörten Schnelligkeit, die er seit der ursprünglichen Vorladung gezeigt hatte, als Erster. Gogol setzte sich zuletzt und grummelte in seinem braunen Bart über Gombromise . Niemand außer Syme schien eine Ahnung von dem bevorstehenden Schlag zu haben. Er hatte lediglich das Gefühl, als würde ein Mann das Schafott besteigen, zumindest mit der Absicht, eine gute Rede zu halten.

„Genossen", sagte der Präsident und erhob sich plötzlich, „wir haben diese Farce lange genug ausgespuckt." Ich habe Sie hierher gerufen, um Ihnen etwas so Einfaches und Schockierendes zu sagen, dass sogar die Kellner oben (die schon lange an unsere Leichtfertigkeiten gewöhnt sind) eine neue Ernsthaftigkeit in meiner Stimme hören könnten. Genossen, wir haben Pläne besprochen und Orte benannt. Bevor ich etwas anderes sage, schlage ich vor, dass über diese Pläne und Orte nicht auf dieser Versammlung abgestimmt werden sollte, sondern dass sie vollständig der Kontrolle eines zuverlässigen Mitglieds überlassen werden sollten . Ich schlage Genosse Samstag vor, Dr. Bull."

Sie starrten ihn alle an; Dann sprangen sie alle auf ihren Plätzen auf, denn die nächsten Worte hatten, wenn auch nicht laut, einen lebendigen und sensationellen Nachdruck. Der Sonntag traf den Tisch.

„Über die Pläne und Orte darf bei diesem Treffen kein Wort mehr verloren werden. In diesem Unternehmen darf kein einziges Detail mehr über das, was wir tun wollen, erwähnt werden."

Sunday hatte sein Leben damit verbracht, seine Anhänger in Erstaunen zu versetzen; aber es schien, als hätte er sie bisher noch nie wirklich in Erstaunen versetzt. Sie alle bewegten sich fieberhaft auf ihren Sitzen, außer Syme. Er saß steif da, die Hand in der Tasche und am Griff seines geladenen Revolvers. Als der Angriff auf ihn kam, würde er sein Leben teuer verkaufen. Er würde es zumindest herausfinden, wenn der Präsident sterblich wäre.

Der Sonntag verlief reibungslos –

„Sie werden wahrscheinlich verstehen, dass es nur ein mögliches Motiv gibt, die freie Meinungsäußerung bei diesem Fest der Freiheit zu verbieten. Fremde, die uns belauschen, spielen keine Rolle. Sie gehen davon aus, dass wir Witze machen. Was aber bis in den Tod von Bedeutung wäre, ist dies, dass tatsächlich einer unter uns sein sollte, der nicht zu uns gehört, der unseren ernsten Vorsatz kennt, ihn aber nicht teilt, der –"

Die Sekretärin schrie plötzlich auf wie eine Frau.

„Das kann nicht sein!" schrie er und sprang. „Es kann nicht-"

Der Präsident flatterte mit seiner großen, flachen Hand auf dem Tisch wie mit der Flosse eines riesigen Fisches.

„Ja", sagte er langsam, „in diesem Raum ist ein Spion. An diesem Tisch sitzt ein Verräter. Ich werde keine Worte mehr verschwenden. Sein Name-"

Syme erhob sich halb von seinem Sitz, den Finger fest am Abzug.

„Sein Name ist Gogol", sagte der Präsident. „Er ist dieser haarige Humbug da drüben, der vorgibt, ein Pole zu sein."

Gogol sprang auf, in jeder Hand eine Pistole. Mit demselben Blitz sprangen ihm drei Männer an die Kehle. Sogar der Professor bemühte sich aufzustehen. Aber Syme sah wenig von der Szene, denn er war von einer wohltuenden Dunkelheit geblendet; Er war zitternd, in einer Lähmung leidenschaftlicher Erleichterung, in seinen Sitz gesunken.

Kapitel VII.
Das unverantwortliche Verhalten von Professor de Worms

"Hinsetzen!" sagte Sunday mit einer Stimme, die er ein- oder zweimal in seinem Leben benutzte, einer Stimme, die Männer dazu brachte, gezogene Schwerter fallen zu lassen.

Die drei, die aufgestanden waren, fielen von Gogol ab, und dieser zweideutige Mensch selbst nahm wieder seinen Platz ein.

„Nun, mein Mann", sagte der Präsident energisch und sprach ihn an, wie man einen völlig Fremden anspricht, „würden Sie mir den Gefallen tun, indem Sie Ihre Hand in Ihre obere Westentasche stecken und mir zeigen, was Sie dort haben?"

Der angebliche Pole war unter seinem Wirrwarr dunkler Haare ein wenig blass, aber er steckte scheinbar kühl zwei Finger in die Tasche und zog einen blauen Kartenstreifen heraus. Als Syme es auf dem Tisch liegen sah, wachte er wieder auf und sah die Welt um sich herum. Denn obwohl die Karte am anderen Ende des Tisches lag und er nichts von der Inschrift darauf lesen konnte, hatte sie eine verblüffende Ähnlichkeit mit der blauen Karte in seiner eigenen Tasche, der Karte, die ihm gegeben worden war, als er sich dazugesellte antianarchistische Polizei.

„Erbärmlicher Slawe", sagte der Präsident, „tragisches Kind Polens, sind Sie bereit, angesichts dieser Karte zu leugnen, dass Sie in dieser Gesellschaft sind – sollen wir *de trop sagen?*""

„Richtig, oh!" sagte der verstorbene Gogol. Es ließ alle zusammenzucken, als sie aus diesem Wald aus fremden Haaren eine klare, kommerzielle und etwas Cockney-Stimme hörten. Es war irrational, als hätte ein Chinese plötzlich mit schottischem Akzent gesprochen.

„Ich gehe davon aus, dass Sie Ihre Position voll und ganz verstehen", sagte Sunday.

„Wetten", antwortete der Pole. „Ich sehe, es ist ein fairer Polizist. Ich sage nur: Ich glaube nicht, dass irgendein Pole meinen Akzent so hätte nachahmen können wie ich."

„Das gebe ich zu", sagte Sunday. „Ich glaube, dass Ihr eigener Akzent unnachahmlich ist, obwohl ich ihn in meinem Bad üben werde. Stört es Sie, Ihren Bart bei Ihrer Karte zu lassen?"

„Kein bisschen", antwortete Gogol; und mit einem Finger riss er die gesamte zottige Kopfbedeckung ab und kam mit dünnem rotem Haar und einem blassen, kecken Gesicht heraus. „Es war heiß", fügte er hinzu.

„Ich muss Ihnen die Gerechtigkeit widerfahren lassen", sagte Sunday, nicht ohne eine Art brutale Bewunderung, „dass Sie offenbar ziemlich cool geblieben sind. Jetzt hör mir zu. Ich mag dich. Die Konsequenz ist, dass es mich gerade einmal zweieinhalb Minuten lang ärgern würde, wenn ich hören würde, dass du unter Qualen gestorben bist. Nun, wenn Sie jemals der Polizei oder irgendeinem Menschen von uns erzählen, werde ich diese zweieinhalb Minuten Unbehagen erleben. Auf Ihr Unbehagen werde ich nicht näher eingehen. Guten Tag. Vorsicht Stufe."

Der rothaarige Detektiv, der sich als Gogol ausgegeben hatte, stand wortlos auf und verließ den Raum mit einer Miene vollkommener Lässigkeit. Doch der erstaunte Syme konnte erkennen , dass diese Leichtigkeit plötzlich angenommen wurde; denn vor der Tür gab es ein leichtes Stolpern, was zeigte, dass der scheidende Detektiv sich nicht über den Schritt geärgert hatte.

„Die Zeit vergeht wie im Flug", sagte der Präsident in seiner fröhlichsten Art, nachdem er auf seine Uhr geworfen hatte, die wie alles an ihm größer schien, als sie sein sollte. „Ich muss sofort gehen; Ich muss den Vorsitz bei einem humanitären Treffen übernehmen."

Der Sekretär drehte sich mit hochgezogenen Augenbrauen zu ihm um.

„Wäre es nicht besser", sagte er ein wenig scharf, „die Einzelheiten unseres Projekts weiter zu besprechen, jetzt, wo der Spion uns verlassen hat?"

„Nein, ich glaube nicht", sagte der Präsident mit einem Gähnen wie bei einem unauffälligen Erdbeben. "Lass es so wie es ist. Lass es Samstag regeln. Ich muss weg sein. Nächsten Sonntag gibt es hier Frühstück."

Doch die späten lauten Szenen hatten die fast nackten Nerven der Sekretärin aufgewühlt. Er war einer jener Männer, die auch bei Verbrechen gewissenhaft sind.

„Ich muss protestieren, Präsident, dass die Sache irregulär ist", sagte er. „Es ist eine Grundregel unserer Gesellschaft, dass alle Pläne im Plenum des Rates besprochen werden. Natürlich schätze ich Ihre Voraussicht voll und ganz, wenn Sie sich tatsächlich in der Gegenwart eines Verräters befinden …"

„Sekretär", sagte der Präsident ernst, „wenn Sie Ihren Kopf mit nach Hause nehmen und ihn für eine Rübe kochen würden, könnte das nützlich sein." Das kann ich nicht sagen. Aber es könnte sein."

Der Sekretär bäumte sich in einer Art Pferdezorn auf.

„Ich verstehe es wirklich nicht –", begann er voller Beleidigung.

„Das ist es, das ist es", sagte der Präsident und nickte mehrmals. „Das ist der Punkt, an dem man völlig versagt. Du verstehst es nicht. „Du tanzender Esel", brüllte er und erhob sich, „du wolltest doch nicht von einem Spion belauscht werden, nicht wahr? Woher wissen Sie, dass Sie jetzt nicht belauscht werden?"

Und mit diesen Worten bahnte er sich seinen Weg aus dem Zimmer und zitterte vor unbegreiflicher Verachtung.

Vier der Männer, die zurückgeblieben waren, starrten ihm mit offenem Mund nach, ohne dass er eine Ahnung hatte, was er meinte. Nur Syme hatte einen Schimmer, und so wie er war, erstarrte er bis auf die Knochen. Wenn die letzten Worte des Präsidenten etwas bedeuteten, dann bedeuteten sie, dass er doch nicht unverdächtig vorübergegangen war. Sie meinten, dass Sunday ihn zwar nicht wie Gogol denunzieren konnte, ihm aber dennoch nicht wie die anderen vertrauen konnte.

Die anderen vier standen mehr oder weniger murrend auf und begaben sich woanders auf die Suche nach einem Mittagessen, denn es war bereits weit nach Mittag. Der Professor ging als Letzter, sehr langsam und unter Schmerzen. Syme saß noch lange, nachdem die anderen gegangen waren, da und drehte seine seltsame Position. Er war einem Blitzschlag entkommen, befand sich aber immer noch unter einer Wolke. Schließlich stand er auf und verließ das Hotel zum Leicester Square . Der helle, kalte Tag war immer kälter geworden, und als er auf die Straße kam, wurde er von ein paar Schneeflocken überrascht. Während er noch den Schwertstock und den Rest von Gregorys tragbarem Gepäck trug, hatte er den Umhang abgeworfen und irgendwo liegen lassen, vielleicht auf dem Dampfschlepper, vielleicht auf dem Balkon. In der Hoffnung, dass der Schneeschauer nur gering ausfallen würde, trat er für einen Moment von der Straße zurück und stellte sich unter die Tür eines kleinen, schmierigen Friseurladens, dessen Schaufenster bis auf einen leer war kränkliche Wachsdame im Abendkleid.

Der Schnee begann jedoch dichter zu werden und schnell zu fallen; und Syme, der fand, dass ein Blick auf die Wachsdame völlig ausreichte, um seine Stimmung zu trüben, starrte stattdessen auf die weiße und leere Straße. Er war ziemlich erstaunt, einen Mann zu sehen, der ganz still vor dem Laden stand und ins Fenster starrte. Sein Zylinder war voller Schnee wie der Hut des Weihnachtsmanns, die weißen Schneewehen stiegen um seine Stiefel und Knöchel herum; aber es schien, als könnte ihn nichts von der Betrachtung der farblosen Wachspuppe im schmutzigen Abendkleid abbringen . Dass irgendein Mensch bei solchem Wetter in einen solchen Laden blicken konnte, war für Syme ein hinreichendes Wunder; aber sein müßiges Staunen verwandelte sich plötzlich in einen persönlichen Schock; denn er erkannte , dass der Mann, der dort stand, der gelähmte alte Professor de Worms war. Es schien kaum der richtige Ort für einen Menschen seines Alters und seiner Gebrechen zu sein.

Syme war bereit, alles über die Perversionen dieser entmenschlichten Bruderschaft zu glauben; Aber selbst er konnte nicht glauben, dass sich der Professor in diese Wachsdame verliebt hatte. Er konnte nur vermuten, dass die Krankheit des Mannes (was auch immer es war) mit vorübergehenden Anfällen von Starre oder Trance einherging. Allerdings war er in diesem Fall nicht geneigt, besonders mitfühlende Bedenken zu hegen. Im Gegenteil, er gratulierte sich eher dazu, dass der Schlaganfall des Professors und sein geschickter und hinkender Gang es ihm leicht machen würden, ihm zu entkommen und ihn meilenweit zurückzulassen. Denn Syme dürstete als erster und letzter danach, der ganzen giftigen Atmosphäre zu entkommen, wenn auch nur für eine Stunde. Dann konnte er seine Gedanken sammeln, seine Politik formulieren und schließlich entscheiden, ob er Gregory die Treue halten sollte oder nicht.

Er schlenderte durch den tanzenden Schnee davon, bog zwei oder drei Straßen hinauf, durch zwei oder drei andere hinunter und betrat ein kleines Restaurant in Soho zum Mittagessen. Nachdenklich nahm er vier kleine, urige Gänge zu sich, trank eine halbe Flasche Rotwein und trank schließlich noch nachdenklich schwarzen Kaffee und eine schwarze Zigarre. Er hatte seinen Platz im oberen Raum des Restaurants eingenommen, in dem das Klirren von Messern und das Geschwätz der Ausländer zu hören waren. Er erinnerte sich, dass er sich früher vorgestellt hatte, all diese harmlosen und freundlichen Außerirdischen seien Anarchisten. Er schauderte, als er sich an die Realität erinnerte. Aber selbst das Schaudern hatte die entzückende Scham des Entkommens. Der Wein, das gemeinsame Essen, der vertraute Ort, die Gesichter natürlicher und gesprächiger Männer gaben ihm fast das Gefühl, als sei der Rat der Sieben Tage ein böser Traum gewesen; und obwohl er wusste, dass es dennoch eine objektive Realität war, war es zumindest eine ferne. Hohe Häuser und bevölkerte Straßen lagen zwischen ihm und seinem letzten Anblick der schändlichen Sieben; Er war frei im freien London und trank Wein unter den Freien. Mit einer etwas einfacheren Bewegung nahm er Hut und Stock und schlenderte die Treppe hinunter in den Laden darunter.

Raum betrat, stand er wie angewurzelt da. An einem kleinen Tisch, ganz in der Nähe des leeren Fensters und der weißen Schneestraße, saß der alte anarchistische Professor mit hochgezogenem, blassem Gesicht und herabhängenden Augenlidern bei einem Glas Milch. Für einen Moment stand Syme so starr da wie der Stock, auf den er sich stützte. Dann stürmte er mit einer Geste blinder Eile an dem Professor vorbei, stürmte die Tür auf und knallte sie hinter sich zu und blieb draußen im Schnee stehen.

„Kann mir diese alte Leiche folgen?" fragte er sich und biss sich in seinen gelben Schnurrbart. „Ich blieb zu lange oben in diesem Raum stehen, als dass selbst so bleierne Füße mich einholen könnten. Ein Trost ist, dass ich mit ein wenig flottem Gehen einen solchen Mann bis nach Timbuctoo bringen kann. Oder bin ich zu fantasievoll? Folgte er mir wirklich? Der Sonntag wäre doch doch sicher nicht so dumm, einen Lahmen zu schicken?"

Er machte sich in flottem Tempo auf den Weg, wobei er seinen Stock drehte und wirbelte, in Richtung Covent Garden. Als er den großen Markt überquerte, schneite es immer mehr und wurde immer blendender und verwirrender, je dunkler der Nachmittag wurde. Die Schneeflocken quälten ihn wie ein Schwarm silberner Bienen. Sie drangen in seine Augen und in seinen Bart und verstärkten seine ohnehin schon gereizten Nerven mit ihrer unablässigen Sinnlosigkeit; und als er mit schwankendem Tempo den Anfang der Fleet Street erreicht hatte, verlor er die Geduld, und als er einen Sonntags-Teeladen fand, bog er dorthin ein, um Schutz zu suchen. Als Entschuldigung bestellte er noch eine Tasse schwarzen Kaffee. Kaum hatte er das getan, humpelte Professor de Worms schwerfällig in den Laden, setzte sich mühsam hin und bestellte ein Glas Milch.

Symes Spazierstock war ihm mit lautem Klirren aus der Hand gefallen, was den verborgenen Stahl verriet. Aber der Professor sah sich nicht um. Syme, der normalerweise eine coole Figur war, starrte im wahrsten Sinne des Wortes mit offenem Mund auf, wie ein Dorfbewohner bei einem Zaubertrick. Er hatte kein Taxi gesehen, das ihm folgte; er hatte vor dem Laden keine Räder gehört; allem Anschein nach war der Mann zu Fuß gekommen. Aber der alte Mann konnte nur wie eine Schnecke gehen, und Syme war wie der Wind gegangen. Er sprang auf und schnappte sich seinen Stock, halb verrückt wegen der Widersprüche in der bloßen Arithmetik, und schwang sich aus der Schwingtür, ohne seinen Kaffee zu probieren. Ein Omnibus, der zur Bank fuhr, ratterte mit ungewöhnlicher Geschwindigkeit vorbei. Er musste einen gewaltigen Lauf von hundert Metern zurücklegen, um dorthin zu gelangen; aber er schaffte es, aufzuspringen, schwankte auf dem Spritzbrett und kletterte, einen Moment innehaltend, um zu keuchen, auf die Spitze. Als er etwa eine halbe Minute gesessen hatte, hörte er hinter sich eine Art schweres und asthmatisches Atmen.

Als er sich scharf umdrehte, sah er, wie ein Zylinderhut, der schmutzig und schneebedeckt war, die Stufen des Omnibusses immer höher hinaufstieg, und im Schatten seiner Krempe das kurzsichtige Gesicht und die zitternden Schultern von Professor de Worms. Er setzte sich mit der für ihn typischen Vorsicht auf einen Sitz und wickelte sich bis zum Kinn in den Regenmantel.

Jede Bewegung der schwankenden Gestalt und der verschwommenen Hände des alten Mannes, jede unsichere Geste und jedes panische Innehalten schienen außer Frage zu stellen, dass er hilflos war, dass er sich in der letzten Dummheit seines Körpers befand. Er bewegte sich um Zentimeter und ließ sich mit kleinen, vorsichtigen Keuchen nieder. Und doch schien es völlig unbestreitbar, dass er dem Omnibus nachgelaufen war, es sei denn, die philosophischen Einheiten namens Zeit und Raum hätten nicht einmal die Spur einer praktischen Existenz.

Syme sprang auf das schaukelnde Auto, und nachdem er wild in den winterlichen Himmel gestarrt hatte, der mit jedem Augenblick düsterer wurde, rannte er die Stufen hinunter. Er hatte den elementaren Impuls unterdrückt, über die Bordwand zu springen.

Zu verwirrt, um zurückzublicken oder nachzudenken, stürzte er in einen der kleinen Höfe an der Seite der Fleet Street wie ein Kaninchen in ein Loch. Er hatte die vage Vorstellung, dass er ihn in diesem Labyrinth aus kleinen Straßen bald aus der Spur bringen könnte, wenn dieser unverständliche alte Jack-in-the-Box ihn wirklich verfolgte. Er sprang in diese krummen Gassen hinein und wieder heraus, die eher wie Risse als wie Durchgangsstraßen aussahen; und als er etwa zwanzig alternative Winkel fertiggestellt und ein undenkbares Polygon beschrieben hatte, hielt er inne, um nach dem Geräusch einer Verfolgung zu lauschen. Da war keiner; Es konnte jedenfalls nicht viel gewesen sein, denn die kleinen Straßen waren dicht mit dem lautlosen Schnee bedeckt. Irgendwo hinter Red Lion Court bemerkte er jedoch eine Stelle, an der ein energischer Bürger den Schnee auf einer Fläche von etwa zwanzig Metern weggeräumt hatte und das nasse, glitzernde Kopfsteinpflaster zurückgelassen hatte. Als er daran vorbeikam, dachte er kaum darüber nach und stürzte sich lediglich in einen weiteren Arm des Labyrinths. Aber als er ein paar hundert Meter weiter stand, um zu lauschen, blieb auch sein Herz stehen, denn er hörte aus diesem Raum aus schroffen Steinen das Klappern der Krücke und die mühsamen Füße des höllischen Krüppels.

Der Himmel darüber war voller Schneewolken und ließ London für diese Abendstunde in Dunkelheit und Unterdrückung zurück. Auf beiden Seiten von Syme waren die Wände der Gasse blind und ohne Merkmale; Es gab kein kleines Fenster oder irgendeinen Vorabend. Er verspürte den neuen Impuls, aus diesem Häuserschwarm auszubrechen und wieder auf die offene, von Lampen erleuchtete Straße zu gelangen. Dennoch schwafelte und wich er lange aus, bevor er auf die Hauptverkehrsstraße stieß. Als er das tat, schlug er es viel weiter oben, als er gedacht hatte. Er betrat den scheinbar weiten und leeren Ludgate Circus und sah die St. Paul's Cathedral im Himmel schweben.

Zuerst war er überrascht, diese großen Straßen so leer vorzufinden, als wäre die Stadt von einer Pest heimgesucht worden . Dann sagte er sich, dass ein gewisses Maß an Leere natürlich sei; Erstens, weil der Schneesturm sogar gefährlich stark war, und zweitens, weil es Sonntag war. Und schon beim Wort Sonntag biss er sich auf die Lippe; das Wort hieß fortan „vermieten" wie ein unanständiges Wortspiel. Unter dem weißen Schneenebel hoch oben am Himmel verwandelte sich die gesamte Atmosphäre der Stadt in eine sehr seltsame Art grüner Dämmerung, als ob Menschen unter dem Meer wären. Der versiegelte und düstere Sonnenuntergang hinter der dunklen Kuppel von St. Paul hatte rauchige und unheimliche Farben in sich – Farben von kränklichem Grün, totem Rot oder verfallender Bronze, die gerade hell genug waren, um das satte Weiß des Schnees zu betonen . Aber direkt vor diesen tristen Farben erhob sich die schwarze Masse der Kathedrale; und auf der Spitze der Kathedrale war ein zufälliger Spritzer und ein großer Schneefleck, der immer noch wie an einem Alpengipfel klebte. Es war versehentlich heruntergefallen, aber gerade so heruntergefallen, dass es die Kuppel von ihrem höchsten Punkt zur Hälfte bedeckte und den großen Reichsapfel und das Kreuz in perfektem Silber erkennen ließ. Als Syme es sah , richtete er sich plötzlich auf und salutierte unwillkürlich mit seinem Schwertstock.

Er wusste, dass diese böse Gestalt, sein Schatten, schnell oder langsam hinter ihm herkroch, und es war ihm egal.

Es schien ein Symbol des menschlichen Glaubens und der Tapferkeit zu sein , dass dieser hohe Ort der Erde hell war, während sich der Himmel verdunkelte. Die Teufel hätten vielleicht den Himmel erobert, aber das Kreuz hatten sie noch nicht erobert. Er hatte einen neuen Impuls, das Geheimnis dieses tanzenden, springenden und verfolgenden Gelähmten herauszufinden; und als er den Eingang zum Zirkus erreichte, drehte er sich mit dem Stock in der Hand zu seinem Verfolger um.

Professor de Worms kam langsam um die Ecke der unregelmäßigen Gasse hinter ihm, seine unnatürliche Gestalt zeichnete sich vor einer einsamen Gaslaterne ab und erinnerte sich unwiderstehlich an die sehr fantasievolle Figur aus den Kinderreimen: „Der krumme Mann, der eine krumme Meile ging." Er sah wirklich so aus, als wäre er durch die verschlungenen Straßen, durch die er gekrochen war, völlig aus der Form gebracht worden. Er kam immer näher, das Lampenlicht schien auf seine hochgehobene Brille, sein hochgezogenes, geduldiges Gesicht. Syme wartete auf ihn, wie der heilige Georg auf den Drachen wartete, wie ein Mann auf eine endgültige Erklärung oder auf den Tod wartet. Und der alte Professor kam direkt auf ihn zu und ging wie ein völlig Fremder an ihm vorbei, ohne auch nur mit seinen traurigen Augenlidern zu blinzeln.

In dieser stillen und unerwarteten Unschuld lag etwas, das Syme in letzte Wut versetzte. Das farblose Gesicht und Verhalten des Mannes schienen zu beweisen, dass die ganze Verfolgung ein Zufall gewesen war. Syme war von einer Energie erfüllt , die irgendwo zwischen Bitterkeit und einem Ausbruch jungenhaften Spotts lag. Er machte eine wilde Geste, als wolle er dem alten Mann den Hut abschlagen, rief etwas wie „Fang mich, wenn du kannst" und rannte durch den weißen, offenen Zirkus davon. Eine Verheimlichung war jetzt unmöglich; und als er über seine Schulter zurückblickte, konnte er die schwarze Gestalt des alten Herrn sehen, der mit langen, schwingenden Schritten hinter ihm herkam wie ein Mann, der ein Meilenrennen gewinnt. Aber der Kopf auf diesem hüpfenden Körper war immer noch blass, ernst und professionell, wie der Kopf eines Dozenten auf dem Körper eines Harlekins.

Diese unglaubliche Verfolgungsjagd raste über den Ludgate Circus, den Ludgate Hill hinauf, um die St. Paul's Cathedral herum und entlang der Cheapside, wobei Syme sich an all die Albträume erinnerte, die er jemals erlebt hatte. Dann brach Syme in Richtung Fluss ab und landete fast am Hafen. Er sah die gelben Scheiben eines niedrigen, beleuchteten Wirtshauses, stürzte sich hinein und bestellte Bier. Es war eine üble Taverne voller ausländischer Seeleute, ein Ort, an dem man Opium rauchen oder Messer ziehen konnte.

Einen Moment später betrat Professor de Worms den Raum, setzte sich vorsichtig und bat um ein Glas Milch.

KAPITEL VIII.
DER PROFESSOR ERKLÄRT

Als Gabriel Syme endlich auf einem Stuhl saß und ihm, ebenfalls fest und endgültig, die hochgezogenen Augenbrauen und bleiernen Augenlider des Professors gegenüberstand, kehrten seine Ängste völlig zurück. Dieser unverständliche Mann aus dem erbitterten Rat hatte ihn schließlich mit Sicherheit verfolgt. Wenn der Mann einen Charakter als Gelähmten und einen anderen als Verfolger hätte, würde ihn der Gegensatz vielleicht interessanter, aber kaum beruhigender machen. Es wäre nur ein kleiner Trost, dass er den Professor nicht herausfinden könnte, falls der Professor ihn durch einen schweren Zufall herausfinden sollte. Er leerte einen ganzen Zinntopf mit Bier, bevor der Professor seine Milch berührt hatte.

Eine Möglichkeit ließ ihn jedoch hoffnungsvoll und doch hilflos bleiben. Es war durchaus möglich, dass diese Eskapade etwas anderes bedeutete als auch nur einen leichten Verdacht ihm gegenüber. Vielleicht war es eine regelmäßige Form oder ein Zeichen. Vielleicht war das törichte Herumhuschen eine Art freundliches Zeichen, das er hätte verstehen sollen. Vielleicht war es ein Ritual. Vielleicht wurde der neue Donnerstag immer entlang der Cheapside verfolgt, da der neue Oberbürgermeister immer dorthin begleitet wird. Er wollte gerade eine vorsichtige Frage stellen, als der alte Professor ihm gegenüber plötzlich und einfach das Wort unterbrach. Bevor Syme die erste diplomatische Frage stellen konnte, hatte der alte Anarchist plötzlich und ohne jegliche Vorbereitung gefragt:

"Bist du ein Polizist?"

Was auch immer Syme sonst noch erwartet hatte, er hatte noch nie etwas so Brutales und Tatsächliches erwartet. Trotz seiner großen Geistesgegenwart konnte er nur mit einer Miene ziemlich unbeholfener Scherzhaftigkeit antworten.

"Ein Polizist?" sagte er und lachte vage. „Was hat Sie im Zusammenhang mit mir auf die Idee gebracht, einen Polizisten zu haben?“

„Der Vorgang war recht einfach“, antwortete der Professor geduldig. „Ich dachte, du siehst aus wie ein Polizist. Das denke ich jetzt.“

„Habe ich aus Versehen einen Polizistenhut aus dem Restaurant mitgenommen?“ fragte Syme und lächelte wild. „Habe ich zufällig irgendwo eine Nummer aufgeklebt? Haben meine Stiefel diesen wachsamen Look? Warum muss ich Polizist sein? Lass mich doch ein Postbote sein.“

Der alte Professor schüttelte mit einer Ernsthaftigkeit, die keine Hoffnung gab, den Kopf, aber Syme fuhr mit fieberhafter Ironie fort.

„Aber vielleicht habe ich die Feinheiten Ihrer deutschen Philosophie falsch verstanden. Vielleicht ist Polizist ein relativer Begriff. Im evolutionären Sinne, mein Herr, geht der Affe so allmählich in den Polizisten über, dass ich selbst den Schatten nie erkennen kann. Der Affe ist möglicherweise nur der Polizist. Vielleicht ist eine Jungfrau auf Clapham Common nur der Polizist, der es hätte sein können. Es macht mir nichts aus, der Polizist zu sein, der es hätte sein können. Es macht mir nichts aus, im deutschen Denken etwas zu sein."

„Sind Sie im Polizeidienst?" sagte der alte Mann und ignorierte Symes improvisierte und verzweifelte Spötteleien. „Sind Sie ein Detektiv?"

Symes Herz verwandelte sich in Stein, aber sein Gesicht veränderte sich nie.

„Ihr Vorschlag ist lächerlich", begann er. „Warum um alles in der Welt –
"

Der alte Mann schlug leidenschaftlich mit seiner gelähmten Hand auf den wackligen Tisch, so dass sie fast zerbrach.

„Hast du gehört, wie ich eine einfache Frage gestellt habe, du geschwätziger Spion?" er schrie mit hoher, verrückter Stimme. „Sind Sie Polizist oder nicht?"

"NEIN!" antwortete Syme wie ein Mann, der auf dem Hang des Henkers steht.

„Das schwörst du", sagte der alte Mann und beugte sich zu ihm herüber, sein totes Gesicht wurde sozusagen abscheulich lebendig. „Das schwörst du! Du schwörst es! Werden Sie verdammt, wenn Sie falsch schwören? Sind Sie sicher, dass der Teufel bei Ihrer Beerdigung tanzt? Wirst du sehen, dass der Albtraum auf deinem Grab liegt? Wird es wirklich keinen Fehler geben? Du bist ein Anarchist, du bist ein Dynamiter! Vor allem sind Sie überhaupt kein Detektiv? Sie sind nicht bei der britischen Polizei?"

Er beugte seinen kantigen Ellbogen weit über den Tisch und hielt seine große, lockere Hand wie eine Klappe an sein Ohr.

„Ich bin nicht bei der britischen Polizei", sagte Syme mit wahnsinniger Ruhe.

Professor de Worms ließ sich mit der seltsamen Miene eines freundlichen Zusammenbruchs in seinen Stuhl zurückfallen.

„Das ist schade", sagte er, „denn das tue ich."

Syme sprang auf und schleuderte die Bank krachend hinter sich zurück.

„Weil du was bist?" sagte er mit belegter Stimme. "Du bist was?"

„Ich bin Polizist", sagte der Professor mit seinem ersten breiten Lächeln und strahlte durch seine Brille. „Aber da Sie denken, dass Polizist nur ein relativer Begriff ist, habe ich natürlich nichts mit Ihnen zu tun. Ich bin bei der britischen Polizei; Aber da Sie mir sagen, dass Sie nicht bei der britischen Polizei sind , kann ich nur sagen, dass ich Sie in einem Sprengstoffclub getroffen habe. Ich denke, ich sollte Sie verhaften." Und mit diesen Worten legte er vor Syme ein exaktes Faksimile der blauen Karte auf den Tisch, die Syme in seiner eigenen Westentasche hatte, das Symbol seiner Macht gegenüber der Polizei.

Syme hatte für einen Moment das Gefühl, dass der Kosmos völlig auf den Kopf gestellt war, dass alle Bäume nach unten wuchsen und dass alle Sterne unter seinen Füßen waren. Dann kam langsam die gegenteilige Überzeugung. In den letzten vierundzwanzig Stunden stand der Kosmos wirklich auf dem Kopf, aber jetzt stand das gekenterte Universum wieder richtig auf dem Kopf. Dieser Teufel, vor dem er den ganzen Tag geflohen war, war nur ein älterer Bruder aus seinem eigenen Haus, der sich auf der anderen Seite des Tisches zurücklehnte und ihn auslachte. Er stellte im Moment keine Detailfragen; Er kannte nur die glückliche und alberne Tatsache, dass dieser Schatten, der ihn mit unerträglicher Unterdrückung der Gefahr verfolgt hatte, nur der Schatten eines Freundes war, der versuchte, ihn einzuholen. Er wusste gleichzeitig, dass er ein Narr und ein freier Mann war. Denn mit jeder Genesung von der Morbidität muss eine gewisse gesunde Demütigung einhergehen. Unter solchen Umständen kommt ein gewisser Punkt, an dem nur noch drei Dinge möglich sind: erstens die Aufrechterhaltung des satanischen Stolzes, zweitens Tränen und drittens Lachen. Symes Egoismus hielt einige Sekunden lang hart am ersten Gang fest und übernahm dann plötzlich den dritten. Er zog sein eigenes blaues Polizeiticket aus der Tasche seiner Weste und warf es auf den Tisch. Dann warf er den Kopf zurück, bis sein gelber Bart fast zur Decke zeigte, und schrie mit barbarischem Lachen.

Selbst in dieser engen Höhle, die ständig vom Lärm von Messern, Tellern, Dosen, lärmenden Stimmen, plötzlichen Kämpfen und Anstürmen erfüllt war, lag etwas Homerisches in Symes Heiterkeit, das viele halb betrunkene Männer dazu veranlasste, sich umzuschauen.

„Worüber lachen Sie, Chef ?" fragte ein staunender Arbeiter vom Hafen.

„Auf mich selbst", antwortete Syme und verfiel erneut in die Qual seiner ekstatischen Reaktion.

„Reiß dich zusammen", sagte der Professor, „sonst wirst du hysterisch. Trinken Sie noch etwas Bier. Ich werde mich dir anschließen."

„Du hast deine Milch nicht getrunken", sagte Syme.

„Meine Milch!" „Meine Milch ! Glaubst du, ich würde mir das abscheuliche Zeug ansehen, wenn ich außer Sichtweite der verdammten Anarchisten bin? „Wir sind alle Christen in diesem Raum, aber vielleicht", fügte er hinzu und warf einen Blick auf die taumelnde Menge, „keine strengen Christen." Meine Milch austrinken? Tolle Flammen! Ja, ich werde es ganz ordentlich zu Ende bringen!" und er stieß das Glas vom Tisch, sodass das Glas zerschmetterte und silberne Flüssigkeit spritzte.

Syme starrte ihn mit freudiger Neugier an.

„Jetzt verstehe ich es", rief er; „Natürlich bist du überhaupt kein alter Mann."

„Ich kann hier nicht mein Gesicht abwenden", antwortete Professor de Worms. „Es ist eher ein aufwendiges Make-up. Ob ich ein alter Mann bin, kann ich nicht sagen. Letzten Geburtstag war ich achtunddreißig .

„Ja, aber ich meine", sagte Syme ungeduldig, „mit dir ist nichts los."

„Ja", antwortete der andere leidenschaftslos. „Ich bin anfällig für Erkältungen."

Symes Lachen über all das hatte etwas von einer wilden Schwäche der Erleichterung an sich. Er lachte über die Vorstellung, dass der gelähmte Professor in Wirklichkeit ein junger Schauspieler sein könnte, der nur fürs Rampenlicht gekleidet war. Aber er hatte das Gefühl, dass er genauso laut gelacht hätte, wenn ein Pfefferstreuer umgefallen wäre.

Der falsche Professor trank und wischte sich den falschen Bart ab.

„Wussten Sie", fragte er, „dass dieser Mann Gogol einer von uns war?"

"ICH? Nein, das wusste ich nicht", antwortete Syme überrascht. „Aber hast du nicht?"

„Ich wusste nicht mehr als die Toten", antwortete der Mann, der sich de Worms nannte. „Ich dachte, der Präsident würde über mich sprechen, und ich rasselte in meinen Stiefeln."

„Und ich dachte, er redete über mich", sagte Syme mit seinem eher rücksichtslosen Lachen. „Ich hatte die ganze Zeit meine Hand am Revolver."

„Das hatte ich auch", sagte der Professor grimmig; „Das hatte Gogol offensichtlich auch."

Syme schlug mit einem Ausruf auf den Tisch.

„Warum, wir waren zu dritt da!" er weinte. „Drei von sieben ist eine Kampfzahl. Wenn wir nur gewusst hätten, dass wir drei sind!"

Das Gesicht von Professor de Worms verfinsterte sich und er blickte nicht auf.

„Wir waren zu dritt", sagte er. „Wenn wir dreihundert gewesen wären, hätten wir immer noch nichts tun können."

„Nicht, wenn wir dreihundert gegen vier wären?" fragte Syme und johlte ziemlich lautstark.

„Nein", sagte der Professor nüchtern, „nicht, wenn wir gegen Sonntag dreihundert wären."

Und der bloße Name kam Syme kalt und ernst vor; sein Lachen war in seinem Herzen erloschen, bevor es auf seinen Lippen erlöschen konnte. Das Gesicht des unvergesslichen Präsidenten kam ihm so verblüffend wie ein Farbfoto in den Sinn , und er bemerkte den Unterschied zwischen Sunday und all seinen Gefährten, dass ihre Gesichter, so wild oder unheimlich sie auch sein mochten, durch die Erinnerung allmählich verschwimmten, wie andere menschliche Gesichter, während die von Sunday schien während der Abwesenheit fast realer zu werden, als ob das gemalte Porträt eines Mannes langsam zum Leben erwachen sollte.

Sie schwiegen beide einige Augenblicke lang, dann kam Symes Rede mit einem Rausch, wie das plötzliche Schäumen von Champagner.

„Professor", rief er, „es ist unerträglich. Hast du Angst vor diesem Mann?"

Der Professor hob seine schweren Lider und blickte Syme mit großen, weit geöffneten, blauen Augen von fast ätherischer Ehrlichkeit an.

„Ja, das bin ich", sagte er sanft. "Also bist du."

Syme war für einen Moment stumm. Dann stand er wie ein beleidigter Mann aufrecht auf und schob den Stuhl von sich weg.

„Ja", sagte er mit unbeschreiblicher Stimme, „du hast recht. Ich habe Angst vor ihm. Deshalb schwöre ich bei Gott, dass ich diesen Mann, den ich fürchte, aufsuchen werde, bis ich ihn finde und ihm auf den Mund schlage. Wenn der Himmel sein Thron und die Erde sein Fußschemel wäre, ich schwöre, dass ich ihn niederreißen würde."

"Wie?" fragte der starrende Professor. "Warum?"

„Weil ich Angst vor ihm habe", sagte Syme; „Und niemand sollte im Universum etwas zurücklassen, wovor er Angst hat."

De Worms blinzelte ihn mit einer Art blindem Staunen an. Er bemühte sich zu sprechen, aber Syme fuhr mit leiser Stimme, aber mit einem Unterton unmenschlicher Begeisterung fort:

„Wer würde sich herablassen, die bloßen Dinge niederzuschlagen, die er nicht fürchtet? Wer würde sich erniedrigen, einfach nur mutig zu sein, wie ein gewöhnlicher Preisboxer? Wer würde sich herablassen, um furchtlos zu sein – wie ein Baum? Bekämpfe das, wovor du Angst hast. Sie erinnern sich an die alte Geschichte des englischen Geistlichen, der dem Räuber von Sizilien die letzte Ölung spendete, und wie der große Räuber auf seinem Sterbebett sagte: „Ich kann Ihnen kein Geld geben, aber ich kann Ihnen ein Leben lang Ratschläge geben:" Lege deinen Daumen auf die Klinge und schlage nach oben.' Deshalb sage ich dir: Schlage nach oben, wenn du nach den Sternen schlägst."

Der andere schaute zur Decke, einer der Tricks seiner Pose.

„Der Sonntag ist ein Fixstern", sagte er.

„Du wirst ihn als Sternschnuppe sehen", sagte Syme und setzte seinen Hut auf.

Die Entscheidung seiner Geste ließ den Professor vage auf die Beine kommen.

„Haben Sie eine Ahnung", fragte er mit einer Art wohlwollender Verwirrung, „wohin Sie genau gehen?"

„Ja", antwortete Syme knapp, „ich werde verhindern, dass diese Bombe in Paris geworfen wird."

„Haben Sie eine Vorstellung davon, wie?" fragte der andere.

„Nein", sagte Syme mit gleicher Entschlossenheit.

„Sie erinnern sich natürlich", fuhr der Soi-Disant de Worms fort, zog sich den Bart und schaute aus dem Fenster, „dass, als wir uns ziemlich hastig trennten, die gesamten Vorbereitungen für die Gräueltat in den privaten Händen des Marquis lagen und …" Bull. Der Marquis überquert zu diesem Zeitpunkt wahrscheinlich den Ärmelkanal. Aber wohin er gehen und was er tun wird, ist zweifelhaft, ob selbst der Präsident es weiß; sicherlich wissen wir es nicht. Der einzige Mann, der es weiß, ist Dr. Bull."

„Verdammt!" rief Syme. „Und wir wissen nicht, wo er ist."

„Ja", sagte der andere auf seine neugierige, geistesabwesende Art, „ich weiß selbst, wo er ist."

"Wirst du mir erzählen?" fragte Syme mit eifrigen Augen.

„Ich werde Sie dorthin bringen", sagte der Professor und nahm seinen eigenen Hut von einem Haken.

Syme stand da und sah ihn mit einer Art starrer Erregung an.

"Wie meinst du das?" fragte er scharf. "Willst du dich mir anschließen? Wirst du das Risiko eingehen?"

„Junger Mann", sagte der Professor freundlich, „es macht mir Spaß zu sehen, dass Sie mich für einen Feigling halten. Dazu werde ich nur ein Wort sagen, und das soll ganz im Sinne Ihrer eigenen philosophischen Rhetorik sein. Sie denken, dass es möglich ist, den Präsidenten zu stürzen. Ich weiß, dass es unmöglich ist, und ich werde es versuchen", und sie öffneten die Tür der Taverne, durch die ein Hauch bitterer Luft hereinströmte, und gingen gemeinsam auf die dunklen Straßen am Hafen hinaus.

Der größte Teil des Schnees war geschmolzen oder zu Schlamm zertrampelt, aber hier und da zeigte sich ein Klumpen davon immer noch eher grau als weiß in der Dunkelheit. Die kleinen Straßen waren schlammig und voller Pfützen, in denen sich die brennenden Lampen unregelmäßig und zufällig spiegelten, als wären sie Fragmente einer anderen, gefallenen Welt. Syme fühlte sich fast benommen, als er durch dieses wachsende Durcheinander aus Lichtern und Schatten schritt; aber sein Begleiter ging mit einer gewissen Mühsal weiter, auf die Stelle zu, wo am Ende der Straße ein oder zwei Zoll des von Lampen erleuchteten Flusses wie ein Flammenbalken aussahen.

"Wo gehst du hin?" Syme erkundigte sich.

„Gerade jetzt", antwortete der Professor, „gehe ich gleich um die Ecke, um zu sehen, ob Dr. Bull zu Bett gegangen ist. Er ist hygienisch und geht früh in den Ruhestand."

"DR. Stier!" rief Syme aus. „Wohnt er um die Ecke?"

„Nein", antwortete sein Freund. „Tatsächlich wohnt er etwas abseits, auf der anderen Seite des Flusses, aber wir können von hier aus erkennen, ob er zu Bett gegangen ist."

Während er sprach, bog er um die Ecke, blickte auf den trüben, von Flammen gesprenkelten Fluss und zeigte mit seinem Stock auf das andere Ufer. An dieser Stelle mündete auf der Surrey-Seite die Themse, die beinahe über sie hinauszuragen schien, eine Masse und Ansammlung dieser hohen Mietskasernen, übersät mit erleuchteten Fenstern, die wie Fabrikschornsteine eine fast wahnsinnige Höhe erreichten. Ihre besondere Haltung und Position ließen einen Gebäudeblock besonders wie einen Turmbau zu Babel mit hundert Augen aussehen. Syme hatte noch nie eines der hoch aufragenden Gebäude in Amerika gesehen, daher konnte er nur im Traum an die Gebäude denken.

Noch während er starrte, erlosch plötzlich das höchste Licht in diesem unzähligen erleuchteten Turm, als hätte dieser schwarze Argus ihm mit einem seiner unzähligen Augen zugezwinkert.

Professor de Worms drehte sich auf dem Absatz um und schlug mit seinem Stock gegen seinen Stiefel.

„Wir sind zu spät“, sagte er, „der Hygienedoktor ist zu Bett gegangen.“

"Wie meinst du das?" fragte Syme. „Wohnt er denn da drüben?“

„Ja“, sagte de Worms, „hinter diesem speziellen Fenster, das Sie nicht sehen können. Komm vorbei und iss etwas zu Abend. Wir müssen ihn morgen früh besuchen.“

Ohne weitere Verhandlungen ging er durch mehrere Nebenstraßen voran, bis sie in den Lärm und Lärm der East India Dock Road mündeten. Der Professor, der sich offenbar in der Gegend auskennte , begab sich zu einer Stelle, wo die Reihe der beleuchteten Läden wieder in eine Art abruptes Zwielicht und Stille versank, an der etwa zwanzig Meter entfernt ein altes weißes Gasthaus stand, das völlig außer Betrieb war Meter von der Straße entfernt.

„Überall findet man gute englische Gasthöfe, die wie Fossilien zufällig zurückgelassen wurden“, erklärte der Professor. „Ich habe einmal eine anständige Unterkunft im West End gefunden.“

„Ich nehme an“, sagte Syme lächelnd, „dass dies der entsprechende anständige Ort im East End ist?“

„Das ist es“, sagte der Professor ehrfürchtig und ging hinein.

Dort aßen und schliefen sie, beide sehr gründlich. Die Bohnen und der Speck, die diese unverantwortlichen Menschen gut zubereiteten, und das erstaunliche Auftauchen von Burgunder aus ihren Kellern krönten Symes Gefühl einer neuen Kameradschaft und Geborgenheit. Während all dieser Strapazen war sein größter Schrecken die Isolation, und es gibt keine Worte, um die Kluft zwischen Isolation und einem Verbündeten auszudrücken. Den Mathematikern darf zugestanden werden, dass vier gleich zwei ist. Aber zwei ist nicht zweimal eins; zwei ist zweitausend mal eins. Deshalb wird die Welt trotz hunderter Nachteile immer wieder zur Monogamie zurückkehren.

Syme konnte zum ersten Mal seine ganze empörende Geschichte erzählen, angefangen von der Zeit, als Gregory ihn in die kleine Taverne am Fluss mitgenommen hatte. Er tat es müßig und ausgiebig, in einem üppigen Monolog, wie ein Mann mit sehr alten Freunden spricht. Auch seinerseits war der Mann, der sich als Professor de Worms ausgegeben hatte, nicht weniger kommunikativ. Seine eigene Geschichte war fast so albern wie die von Syme.

„Das ist eine gute Aufmachung von dir“, sagte Syme und trank ein Glas Macon aus; „Viel besser als das des alten Gogol. Schon am Anfang fand ich ihn etwas zu haarig.“

„Ein Unterschied der Kunsttheorie“, antwortete der Professor nachdenklich. „Gogol war ein Idealist. Er stellte das abstrakte oder platonische Ideal eines Anarchisten dar. Aber ich bin ein Realist. Ich bin Porträtmaler. Aber zu sagen, dass ich ein Porträtmaler bin, ist in der Tat ein unzureichender Ausdruck. Ich bin ein Porträt.“

„Ich verstehe dich nicht“, sagte Syme.

„Ich bin ein Porträt“, wiederholte der Professor. „Ich bin ein Porträt des berühmten Professors de Worms, der, glaube ich, in Neapel ist.“

„Du meinst, du bist so geschminkt wie er“, sagte Syme. „Aber weiß er nicht, dass du seine Nase umsonst nimmst?“

„Er weiß es ganz genau“, antwortete sein Freund fröhlich.

„Warum denunziert er dich dann nicht?“

„Ich habe ihn angezeigt“, antwortete der Professor.

„Erklären Sie sich doch“, sagte Syme.

„Gerne, wenn es Ihnen nichts ausmacht, meine Geschichte zu hören“, antwortete der bedeutende ausländische Philosoph. „Ich bin von Beruf Schauspieler und heiße Wilks. Als ich auf der Bühne stand, mischte ich mich unter allerlei Bohemien- und Schurkenmusik. Manchmal berührte ich den Rand des Reviers, manchmal das Gesindel der Künste und gelegentlich den politischen Flüchtling. In einer Höhle verbannter Träumer lernte ich den großen deutschen nihilistischen Philosophen Professor de Worms kennen. Ich erfuhr nicht viel über ihn, abgesehen von seinem Aussehen, das sehr abstoßend war und das ich sorgfältig studierte. Ich verstand, dass er bewiesen hatte, dass das destruktive Prinzip im Universum Gott war; Daher bestand er auf der Notwendigkeit einer wütenden und unaufhörlichen Energie, die alles in Stücke reißt. Energie, sagte er, sei das Alles. Er war lahm, kurzsichtig und teilweise gelähmt. Als ich ihn traf , war ich leichtfertig gestimmt und mochte ihn so sehr, dass ich beschloss, ihn nachzuahmen. Wenn ich Zeichner gewesen wäre, hätte ich eine Karikatur gezeichnet. Ich war nur Schauspieler, ich konnte nur eine Karikatur spielen. Ich habe mich zu einer wilden Übertreibung des schmutzigen alten Ichs des alten Professors entwickelt. Als ich den Raum voller seiner Anhänger betrat, erwartete ich, mit lautem Gelächter oder (wenn sie zu weit gegangen waren) mit lautem

Entrüstungsgebrüll über die Beleidigung empfangen zu werden. Ich kann die Überraschung nicht beschreiben, die ich empfand, als mein Eintritt mit respektvollem Schweigen und anschließendem (als ich zum ersten Mal die Lippen geöffnet wurde) einem bewundernden Murmeln empfangen wurde. Der Fluch des perfekten Künstlers war auf mich gefallen. Ich war zu subtil gewesen, ich war zu wahr gewesen. Sie dachten, ich sei wirklich der große nihilistische Professor. Ich war damals ein gesunder junger Mann und ich gestehe, dass es ein Schlag war. Bevor ich mich jedoch ganz erholen konnte, liefen zwei oder drei dieser Verehrer empört auf mich zu und erzählten mir, dass im Nebenzimmer eine öffentliche Beleidigung gegen mich vorgenommen worden sei. Ich erkundigte mich nach seiner Natur. Es schien, als hätte sich ein unverschämter Kerl als absurde Parodie auf mich selbst verkleidet. Ich hatte mehr Champagner getrunken, als mir gut tat, und in einem Anflug von Torheit beschloss ich, die Situation zu Ende zu bringen. Folglich betrat der echte Professor den Raum, um dem grellen Blick der Gesellschaft und meinen eigenen hochgezogenen Augenbrauen und eiskalten Augen zu begegnen.

„Ich brauche kaum zu sagen, dass es einen Zusammenstoß gab. Die Pessimisten um mich herum schauten ängstlich von einem Professor zum anderen, um herauszufinden, welcher wirklich der schwächere sei . Aber ich habe gewonnen. Von einem alten Mann mit schlechtem Gesundheitszustand wie meinem Rivalen konnte man nicht erwarten, dass er so beeindruckend schwach ist wie ein junger Schauspieler in der Blüte seines Lebens. Sehen Sie, er war wirklich gelähmt, und innerhalb dieser eindeutigen Grenzen konnte er nicht so lustig gelähmt sein wie ich. Dann versuchte er, meine Behauptungen intellektuell zu diskreditieren. Dem habe ich mit einem ganz einfachen Ausweichen entgegengewirkt. Immer wenn er etwas sagte, was niemand außer ihm verstand, antwortete ich mit etwas, das ich selbst nicht verstehen konnte. „Ich glaube nicht", sagte er, „dass Sie das Prinzip hätten ausarbeiten können, dass Evolution nur Negation ist, da darin die Einführung von Lücken liegt, die eine wesentliche Voraussetzung für die Differenzierung sind." Ich antwortete ganz verächtlich: „Das hast du alles bei Pinckwerts gelesen ; Die Vorstellung, dass die Involution eugenisch funktioniert, wurde vor langer Zeit von Glumpe entlarvt . Es erübrigt sich für mich zu sagen, dass es solche Leute wie Pinckwerts und Glumpe nie gegeben hat . Aber die Leute rundherum schienen sich (zu meiner Überraschung) recht gut an sie zu erinnern, und der Professor, der feststellte, dass die gelehrte und geheimnisvolle Methode ihn einem leicht skrupellosen Feind ausgeliefert machte, griff auf eine populärere Form zurück des Witzes. „Ich verstehe", höhnte er, „Sie setzen sich durch wie das falsche Schwein in Äsop ." „Und du versagst", antwortete ich lächelnd, „wie der Igel in Montaigne." Muss ich erwähnen, dass es in Montaigne keinen Igel gibt? „Dein Geschwätz löst sich", sagte er; „Euer Bart auch." Ich hatte keine intelligente Antwort darauf, was durchaus wahr und ziemlich witzig war. Aber ich lachte herzlich, antwortete wahllos: „Wie die Stiefel des Pantheisten" und drehte mich mit allen Ehren des Sieges auf dem Absatz um. Der echte Professor wurde rausgeworfen, aber nicht mit Gewalt, obwohl ein Mann sehr geduldig versuchte, ihm die Nase abzureißen. Ich glaube, er wird heute überall in Europa als entzückender Hochstapler angesehen. Sein offensichtlicher Ernst und seine Wut machen ihn umso unterhaltsamer."

„Nun", sagte Syme, „ich kann verstehen, dass du dir für einen Abend als Scherz seinen schmutzigen alten Bart anziehst, aber ich verstehe nicht, dass du ihn nie wieder abnimmst."

„Das ist der Rest der Geschichte", sagte der Imitator. „Als ich selbst unter ehrfürchtigem Applaus die Firma verließ, hinkte ich die dunkle Straße entlang und hoffte, dass ich bald weit genug weg sein würde, um wie ein Mensch gehen zu können. Als ich um die Ecke bog, spürte ich zu meinem Erstaunen eine Berührung an der Schulter, und als ich mich umdrehte, befand ich mich im Schatten eines riesigen Polizisten. Er sagte mir, dass ich gesucht werde. Ich nahm eine Art gelähmte Haltung ein und rief mit hohem deutschen Akzent: „Ja, ich werde gesucht – von den Unterdrückten dieser Welt." Sie verhaften mich unter dem Vorwurf, der große Anarchist zu sein, Professor de Worms.' Der Polizist blickte teilnahmslos auf ein Papier in seiner Hand. „Nein, Sir", sagte er höflich, „zumindest nicht ganz, Sir." Ich verhafte Sie unter dem Vorwurf, nicht der berühmte Anarchist zu sein, Professor de Worms.' Dieser Vorwurf, wenn er überhaupt kriminell war, war sicherlich der leichtere von beiden, und ich schloss mich dem Mann an, zweifelnd, aber nicht sehr bestürzt. Ich wurde in mehrere Räume geführt und schließlich in die Anwesenheit eines Polizisten, der erklärte, dass eine ernsthafte Kampagne gegen die Zentren der Anarchie eröffnet worden sei und dass diese, meine erfolgreiche Maskerade, für die Öffentlichkeit von erheblichem Wert sein könnte Sicherheit. Er bot mir ein gutes Gehalt und diese kleine blaue Karte an. Obwohl unser Gespräch kurz war, kam er mir als Mann mit sehr gesundem Menschenverstand und Humor vor ; aber ich kann Ihnen nicht viel über ihn persönlich erzählen, weil –"

Syme legte Messer und Gabel nieder.

„Ich weiß", sagte er, „weil Sie in einem dunklen Raum mit ihm gesprochen haben."

Professor de Worms nickte und leerte sein Glas.

KAPITEL IX.
DER MANN MIT DER BRILLE

„Burgunder ist eine lustige Sache", sagte der Professor traurig, als er sein Glas abstellte.

„Sie sehen nicht so aus", sagte Syme; „Du trinkst es, als wäre es Medizin."

„Sie müssen mein Verhalten entschuldigen", sagte der Professor düster, „meine Position ist ziemlich seltsam. Innerlich platze ich vor knabenhafter Fröhlichkeit; Aber ich habe den gelähmten Professor so gut gespielt, dass ich jetzt nicht mehr aufhören kann. So dass ich, wenn ich unter Freunden bin und es überhaupt nicht nötig habe, mich zu verkleiden, dennoch nicht umhin kann, langsam zu sprechen und die Stirn zu runzeln – ganz so, als ob es meine Stirn wäre. Ich kann ziemlich glücklich sein, verstehen Sie, aber nur auf eine paralysierende Art und Weise. Die lebhaftesten Ausrufe steigen in meinem Herzen auf, aber aus meinem Mund kommen sie ganz anders. Du solltest mich sagen hören: „Beruhige dich, alter Schwanz!" Es würde einem die Tränen in die Augen treiben."

„Das tut es", sagte Syme; „Aber ich denke, abgesehen davon bist du wirklich ein bisschen besorgt."

Der Professor zuckte ein wenig zusammen und sah ihn fest an.

„Sie sind ein sehr kluger Kerl", sagte er, „es ist eine Freude, mit Ihnen zusammenzuarbeiten. Ja, ich habe eine ziemlich schwere Wolke im Kopf. Es gibt ein großes Problem", und er vergrub seine kahle Stirn in seinen beiden Händen.

Dann sagte er mit leiser Stimme:

"Kannst du Klavier spielen?"

„Ja", sagte Syme verwundert, „ich soll ein gutes Gespür haben."

Da der andere dann nichts sagte, fügte er hinzu:

„Ich vertraue darauf, dass die große Wolke aufgehoben wird."

Nach langem Schweigen sagte der Professor aus dem höhlenartigen Schatten seiner Hände:

„Es wäre genauso gut gewesen, wenn man eine Schreibmaschine bedienen könnte."

„Danke", sagte Syme, „Sie schmeicheln mir."

„Hör mir zu", sagte der andere, „und denk daran, wen wir morgen sehen müssen." Sie und ich werden morgen etwas unternehmen, das viel gefährlicher ist, als die Kronjuwelen aus dem Turm zu stehlen. Wir versuchen, einem sehr scharfsinnigen, sehr starken und sehr bösen Mann ein Geheimnis zu stehlen. Ich glaube, es gibt keinen Mann, außer natürlich den Präsidenten, der so aufsehenerregend und beeindruckend ist wie dieser kleine grinsende Kerl mit der Schutzbrille. Er hat vielleicht nicht die glühende Begeisterung bis zum Tod, das wahnsinnige Märtyrertum für die Anarchie, die den Sekretär auszeichnen. Aber genau dieser Fanatismus des Sekretärs hat ein menschliches Pathos und ist fast eine erlösende Eigenschaft. Aber der kleine Doktor hat einen brutalen Verstand, der schockierender ist als die Krankheit der Sekretärin. Merken Sie nicht seine abscheuliche Männlichkeit und Vitalität? Er springt wie ein Gummiball . Verlassen Sie sich darauf, Sunday hat nicht geschlafen (ich frage mich, ob er jemals schläft?), als er alle Pläne dieser Freveltat in den runden, schwarzen Kopf von Dr. Bull einschloss."

„Und Sie denken", sagte Syme, „dass dieses einzigartige Monster besänftigt wird, wenn ich ihm Klavier vorspiele?"

„Sei kein Arsch", sagte sein Mentor. „Ich habe das Klavier erwähnt, weil es einem schnelle und unabhängige Finger ermöglicht. Syme, wenn wir dieses Interview bestehen und gesund oder lebendig daraus hervorgehen wollen, müssen wir einen Signalcode zwischen uns haben, den dieses Tier nicht sehen kann. Ich habe eine grobe alphabetische Chiffre erstellt, die den fünf Fingern entspricht – so, sehen Sie", und er strich mit seinen Fingern über den Holztisch : „ SCHLECHT, schlecht, ein Wort, das wir vielleicht oft brauchen."

Syme schenkte sich ein weiteres Glas Wein ein und begann, den Plan zu studieren. Er war ungewöhnlich schnell beim Lösen von Rätseln und mit seinen Händen beim Zaubern, und es dauerte nicht lange, bis er lernte, wie er einfache Botschaften übermitteln konnte, indem er scheinbar müßig auf einen Tisch oder ein Knie tippte. Aber Wein und Gesellschaft hatten immer die Wirkung, ihn zu einem absurden Einfallsreichtum zu inspirieren, und der Professor kämpfte bald mit der zu großen Energie der neuen Sprache, während sie durch das erhitzte Gehirn von Syme ging.

„Wir müssen mehrere Wortzeichen haben", sagte Syme ernst – „ Wörter, die wir wahrscheinlich brauchen, feine Bedeutungsnuancen." Mein Lieblingswort ist „gleichzeitig". Welches ist deines?"

„Hören Sie auf, den Ziegenbock zu spielen", sagte der Professor klagend. „Sie wissen nicht, wie ernst das ist."

„‚Üppig‘ auch", sagte Syme und schüttelte klug den Kopf, „wir müssen ‚üppig‘ haben – ein Wort, das auf Gras angewendet wird, wissen Sie?"

„Stellen Sie sich vor", fragte der Professor wütend, „dass wir mit Dr. Bull über Gras sprechen werden?"

„Es gibt mehrere Möglichkeiten, sich dem Thema zu nähern", sagte Syme nachdenklich, „und das Wort einzuführen, ohne gezwungen zu wirken. Wir könnten sagen: „Dr. Bull, als Revolutionär erinnern Sie sich daran, dass uns ein Tyrann einst geraten hat, Gras zu essen; und tatsächlich schauen viele von uns auf das frische, üppige Gras des Sommers ...""

„Verstehen Sie", sagte der andere, „dass dies eine Tragödie ist?"

„Perfekt", antwortete Syme; „Seien Sie in einer Tragödie immer komisch. Was zum Teufel kann man sonst noch tun? Ich wünschte, Ihre Sprache hätte einen größeren Umfang. Ich nehme an, wir konnten es nicht von den Fingern bis zu den Zehen erstrecken? Dazu müssten wir während des Gesprächs unsere Stiefel und Socken ausziehen, was allerdings unauffällig geschah –"

„Syme", sagte sein Freund mit strenger Einfachheit, „geh ins Bett!"

Syme saß jedoch eine ganze Weile im Bett und beherrschte den neuen Code. Am nächsten Morgen wurde er geweckt, als der Osten noch von Dunkelheit umhüllt war, und fand seinen graubärtigen Verbündeten wie einen Geist neben seinem Bett stehen.

Syme setzte sich blinzelnd im Bett auf; Dann sammelte er langsam seine Gedanken, warf die Bettwäsche ab und stand auf. Auf seltsame Weise kam es ihm so vor, als ob alle Sicherheit und Geselligkeit der Nacht zuvor verloren gegangen wäre, als er die Bettwäsche abgelegt hatte, und er stand in einer Atmosphäre kalter Gefahr auf. Er empfand immer noch ein vollkommenes Vertrauen und eine Loyalität gegenüber seinem Begleiter; aber es war das Vertrauen zwischen zwei Männern, die auf das Schafott gingen.

„Nun", sagte Syme mit gezwungener Fröhlichkeit, als er seine Hose anzog, „ich habe von deinem Alphabet geträumt. Hat es lange gedauert, bis du es erfunden hast?"

Der Professor gab keine Antwort, sondern blickte mit Augen vor sich hin, die die Farbe eines winterlichen Meeres hatten; also wiederholte Syme seine Frage.

„Ich sage, hat es lange gedauert, bis du das alles erfunden hast? Ich gilt als gut in diesen Dingen und es war eine gute Stunde Arbeit. Hast du alles vor Ort gelernt?"

Der Professor schwieg; Seine Augen waren weit geöffnet und er zeigte ein starres, aber sehr kleines Lächeln.

"Wie lange haben Sie gebraucht?"

Der Professor rührte sich nicht.

„Verwirrung, kannst du nicht antworten?" rief Syme in einer plötzlichen Wut, die so etwas wie Angst unterschlug. Ob der Professor antworten konnte oder nicht , er tat es nicht.

Syme stand da und starrte auf das steife, pergamentartige Gesicht und die leeren, blauen Augen. Sein erster Gedanke war, dass der Professor verrückt geworden war, aber sein zweiter Gedanke war schrecklicher. Was wusste er schließlich über dieses seltsame Wesen, das er achtlos als Freund akzeptiert hatte? Was wusste er außer dass der Mann beim anarchistischen Frühstück dabei gewesen war und ihm eine lächerliche Geschichte erzählt hatte? Wie unwahrscheinlich war es, dass dort neben Gogol noch ein anderer Freund sein sollte! War das Schweigen dieses Mannes eine sensationelle Art der Kriegserklärung? War dieser hartnäckige Blick letztlich nur der schreckliche Spott eines dreifachen Verräters, der sich zum letzten Mal umgedreht hatte? Er stand da und lauschte in dieser herzlosen Stille. Es kam ihm fast vor, als könnte er Dynamiter hören, die ihn einfangen wollten, während er sich draußen im Korridor leise bewegte.

Dann wanderte sein Blick nach unten und er brach in Gelächter aus. Obwohl der Professor selbst stimmlos wie eine Statue dastand, tanzten seine fünf stummen Finger lebendig auf dem toten Tisch. Syme beobachtete die blinkenden Bewegungen der sprechenden Hand und las die Nachricht deutlich:

„Ich werde nur so reden. Wir müssen uns daran gewöhnen."

Mit der Ungeduld der Erleichterung stieß er die Antwort aus:

"In Ordnung. Lass uns frühstücken gehen."

Schweigend nahmen sie ihre Hüte und Stöcke entgegen; aber als Syme seinen Schwertstock nahm, hielt er ihn fest.

Sie hielten ein paar Minuten inne, um sich an einem Kaffeestand mit Kaffee und groben, dicken Sandwiches vollzustopfen, und machten sich dann auf den Weg über den Fluss, der im grauen und zunehmenden Licht so trostlos aussah wie Acheron. Sie erreichten den Fuß des riesigen Gebäudeblocks, den sie von der anderen Seite des Flusses aus gesehen hatten, und begannen schweigend, die nackten und zahllosen Steinstufen hinaufzusteigen, wobei sie nur ab und zu innehielten, um am Geländer des Geländers kurze Bemerkungen zu machen. Bei etwa jedem zweiten Flug kamen sie an einem Fenster vorbei; Jedes Fenster zeigte ihnen eine blasse und tragische Morgendämmerung, die sich mühsam über London erhob. Von jedem einzelnen aus sahen die unzähligen Schieferdächer aus wie die bleiernen Wellen eines grauen, aufgewühlten Meeres nach dem Regen. Syme wurde sich zunehmend bewusst, dass sein neues Abenteuer irgendwie eine Art kalter Vernunft hatte, schlimmer als die wilden Abenteuer der Vergangenheit. Letzte Nacht zum Beispiel waren ihm die hohen Mietshäuser wie ein Turm im Traum vorgekommen. Als er nun die mühsamen und immerwährenden Stufen hinaufstieg, war er von der fast unendlichen Abfolge ihrer Stufen eingeschüchtert und verwirrt. Aber es war nicht der heiße Horror eines Traums oder irgendetwas, das Übertreibung oder Täuschung sein könnte. Ihre Unendlichkeit ähnelte eher der leeren Unendlichkeit der Arithmetik, etwas Undenkbarem, das dennoch zum Denken notwendig ist. Oder es war wie die verblüffenden Aussagen der Astronomie über die Entfernung der Fixsterne. Er bestieg das Haus der Vernunft, etwas, das noch abscheulicher war als die Unvernunft selbst.

Als sie Dr. Bulls Treppenabsatz erreichten, zeigte ihnen ein letztes Fenster eine strenge, weiße Morgendämmerung, gesäumt von Ufern in einer Art rauem Rot, die eher an roten Lehm als an rote Wolken erinnerten. Und als sie Dr. Bulls kahle Dachkammer betraten, war sie voller Licht.

Syme wurde von einer halb historischen Erinnerung im Zusammenhang mit diesen leeren Räumen und diesem strengen Tagesanbruch heimgesucht. In dem Moment, als er die Mansarde und Dr. Bull an einem Tisch sitzen sah, erinnerte er sich daran, was die Erinnerung war – die Französische Revolution. Vor dem schweren Rot und Weiß des Morgens hätten die schwarzen Umrisse einer Guillotine zu sehen sein sollen. Dr. Bull trug nur sein weißes Hemd und seine schwarzen Hosen; sein kurzgeschnittener, dunkler Kopf hätte durchaus aus der Perücke herauskommen können; er hätte Marat oder ein schlampigerer Robespierre sein können.

Doch als er richtig gesehen wurde, verschwand die französische Begeisterung. Die Jakobiner waren Idealisten; An diesem Mann herrschte ein mörderischer Materialismus. Seine Position verlieh ihm ein etwas neues Aussehen. Das starke, weiße Morgenlicht, das von einer Seite einfiel und scharfe Schatten warf, ließ ihn sowohl blasser als auch kantiger erscheinen, als er beim Frühstück auf dem Balkon geschaut hatte. Daher könnten die beiden schwarzen Brillengläser, die seine Augen umschlossen, tatsächlich schwarze Hohlräume in seinem Schädel gewesen sein, die ihn wie einen Totenkopf aussehen ließen. Und tatsächlich, wenn der Tod selbst jemals an einem Holztisch gesessen und geschrieben hätte, wäre er es vielleicht gewesen.

Er blickte auf und lächelte strahlend, als die Männer eintraten, und erhob sich mit der beharrlichen Schnelligkeit, von der der Professor gesprochen hatte. Er stellte Stühle für beide auf, ging zu einem Haken hinter der Tür und zog einen Mantel und eine Weste aus grobem, dunklem Tweed an. Er knöpfte es ordentlich zu und kam zurück, um sich an seinen Tisch zu setzen.

Die ruhige, gute Laune seines Auftretens machte seine beiden Gegner hilflos. Mit einiger Mühe brach der Professor das Schweigen und begann: „Es tut mir leid, Sie so früh zu stören, Kamerad", sagte er und nahm dabei vorsichtig die langsame de Worms-Manier wieder auf. „Sie haben zweifellos alle Vorkehrungen für die Paris-Affäre getroffen?" Dann fügte er mit unendlicher Langsamkeit hinzu: „Wir haben Informationen, die jede Verzögerung unerträglich machen."

Dr. Bull lächelte erneut, blickte sie aber weiterhin wortlos an. Der Professor fuhr fort, eine Pause vor jedem müden Wort:

„Bitte halten Sie mich nicht für übermäßig schroff; Aber ich rate Ihnen, diese Pläne zu ändern oder, wenn es dafür zu spät ist, Ihrem Agenten mit aller Unterstützung zu folgen, die Sie für ihn bekommen können. Genosse Syme und ich haben eine Erfahrung gemacht, deren Aufzählung mehr Zeit in Anspruch nehmen würde, als wir uns leisten können, wenn wir darauf reagieren wollen. Ich werde jedoch den Vorfall im Detail schildern, auch auf die Gefahr hin, Zeit zu verlieren, wenn Sie wirklich der Meinung sind, dass dies für das Verständnis des Problems, das wir diskutieren müssen, von wesentlicher Bedeutung ist."

Er ließ seine Sätze unerträglich lang und lang werden, in der Hoffnung, den praktisch veranlagten kleinen Doktor in einen Ausbruch von Ungeduld zu versetzen, der seine Handfertigkeit zeigen könnte. Aber der kleine Doktor starrte und lächelte weiterhin nur, und der Monolog war eine harte Arbeit. Syme begann eine neue Krankheit und Verzweiflung zu verspüren. Das Lächeln und Schweigen des Doktors ähnelten überhaupt nicht dem kataleptischen Blick und dem schrecklichen Schweigen, mit dem er eine halbe Stunde zuvor beim Professor konfrontiert worden war. Das Make-up des Professors und all seine Eskapaden hatten immer etwas Groteskes, wie einen Idioten. Syme erinnerte sich an die wilden Leiden von gestern, wie man sich daran erinnert, wie man als Kind Angst vor Bogy hatte. Aber hier war Tageslicht; Hier war ein gesunder, breitschultriger Mann in Tweed, der bis auf seine hässliche Brille nicht ungewöhnlich war. Er starrte oder grinste überhaupt nicht, sondern lächelte stetig und sagte kein Wort. Das Ganze hatte ein Gefühl unerträglicher Realität. Unter der zunehmenden Sonneneinstrahlung wuchsen und dehnten sich die Farben des Teints des Doktors und das Muster seines Tweeds auf ungeheure Weise aus, da solche Dinge in einem realistischen Roman zu wichtig werden. Aber sein Lächeln war ganz leicht, die Haltung seines Kopfes höflich; das einzig Unheimliche war sein Schweigen.

„Wie gesagt", fuhr der Professor fort, wie ein Mann, der sich durch schweren Sand abmüht, „der Vorfall, der uns widerfahren ist und der uns veranlasst hat, um Informationen über den Marquis zu bitten, ist einer, den Sie vielleicht für besser erzählen sollten; aber da es eher dem Genossen Syme als mir im Weg stand –"

Er schien seine Worte in die Länge zu ziehen wie Worte in einer Hymne; aber Syme, der zusah, sah, wie seine langen Finger schnell auf der Kante des verrückten Tisches rasselten. Er las die Nachricht: „Sie müssen weitermachen. Dieser Teufel hat mich ausgesaugt!"

Syme stürzte sich mit jener Tapferkeit der Improvisation in die Bresche, die ihn immer dann befiel, wenn er alarmiert war.

„Ja, das ist mir wirklich passiert", sagte er hastig. „Ich hatte das Glück, mit einem Detektiv ins Gespräch zu kommen, der mich dank meines Hutes für eine respektable Person hielt. Um meinen Ruf als angesehener Mann zu festigen, nahm ich ihn mit und machte ihn im Savoy sehr betrunken. Unter diesem Einfluss wurde er freundlich und teilte mir mit so vielen Worten mit, dass sie hoffen, den Marquis in ein oder zwei Tagen in Frankreich verhaften zu können.

„ Es sei denn, Sie oder ich können ihm auf die Spur kommen –"

Der Doktor lächelte immer noch auf die freundlichste Art und seine geschützten Augen waren immer noch undurchdringlich. Der Professor gab Syme ein Zeichen , dass er seine Erklärung fortsetzen würde, und er begann erneut mit der gleichen ausgefeilten Ruhe.

„Syme brachte diese Informationen sofort zu mir, und wir kamen hierher, um zu sehen, welchen Nutzen Sie daraus ziehen würden. Es erscheint mir zweifellos dringend erforderlich, dass –"

Die ganze Zeit hatte Syme den Doktor fast so fest angestarrt, wie der Doktor den Professor anstarrte, aber ganz ohne Lächeln. Die Nerven beider Mitstreiter brachen unter der Anspannung der bewegungslosen Liebenswürdigkeit fast zusammen, als Syme sich plötzlich nach vorne beugte und müßig auf die Tischkante klopfte. Seine Botschaft an seinen Verbündeten lautete: „Ich habe eine Intuition."

Der Professor machte kaum eine Pause in seinem Monolog und gab ihm ein Zeichen : „Dann setzen Sie sich darauf."

Syme telegrafierte: „Es ist ziemlich außergewöhnlich."

Der andere antwortete: „Außergewöhnliche Fäulnis!"

Syme sagte: „Ich bin ein Dichter."

Der andere entgegnete: „Du bist ein toter Mann."

Syme war bis zu seinen gelben Haaren ganz rot geworden und seine Augen brannten fieberhaft. Wie er sagte, hatte er eine Intuition, die sich zu einer Art benommener Gewissheit entwickelt hatte. Er nahm sein symbolisches Klopfen wieder auf und gab seinem Freund ein Zeichen : „Du begreifst kaum , wie poetisch meine Intuition ist. Es hat diese plötzliche Qualität, die wir manchmal im kommenden Frühling spüren."

Dann studierte er die Antwort an den Fingern seines Freundes. Die Antwort war: „Fahr zur Hölle!"

Der Professor nahm dann seinen lediglich verbalen Monolog an den Doktor wieder auf.

„Vielleicht sollte ich eher sagen", sagte Syme an seinen Fingern, „dass es dem plötzlichen Geruch des Meeres ähnelt, der im Herzen üppiger Wälder zu finden ist."

Sein Begleiter verschmähte eine Antwort.

„Oder noch einmal", tippte Syme, „es ist positiv, ebenso wie das leidenschaftliche rote Haar einer schönen Frau."

Der Professor setzte seine Rede fort, doch mittendrin beschloss Syme zu handeln. Er beugte sich über den Tisch und sagte mit einer Stimme, die nicht zu überhören war:

"DR. Stier!"

Der schlanke und lächelnde Kopf des Doktors bewegte sich nicht, aber sie hätten schwören können, dass sein Blick unter seiner dunklen Brille auf Syme gerichtet war.

"DR. „Bull", sagte Syme mit besonders präziser und höflicher Stimme, „würden Sie mir einen kleinen Gefallen tun ? " Wären Sie so freundlich, Ihre Brille abzunehmen?"

Der Professor drehte sich auf seinem Stuhl um und starrte Syme mit einer Art gefrorener Wut des Erstaunens an. Syme beugte sich mit feurigem Gesicht vor wie ein Mann, der sein Leben und sein Vermögen auf den Tisch geworfen hat. Der Doktor rührte sich nicht.

Ein paar Sekunden lang herrschte Stille, in der man eine Stecknadel fallen hören konnte, die einmal durch das einzelne Heulen eines fernen Dampfers auf der Themse unterbrochen wurde. Dann erhob sich Dr. Bull langsam, immer noch lächelnd, und nahm seine Brille ab.

Syme sprang auf und trat ein wenig zurück, wie ein Chemiedozent nach einer erfolgreichen Explosion. Seine Augen waren wie Sterne und einen Moment lang konnte er nur zeigen, ohne zu sprechen.

Der Professor war ebenfalls aufgestanden und hatte seine vermeintliche Lähmung vergessen. Er lehnte sich auf die Stuhllehne und starrte Dr. Bull zweifelnd an, als hätte sich der Doktor vor seinen Augen in eine Kröte verwandelt. Und tatsächlich war es eine fast ebenso großartige Verwandlungsszene.

Die beiden Detectives sahen auf dem Stuhl vor sich einen sehr jungenhaft aussehenden jungen Mann sitzen, mit sehr offenen und glücklichen haselnussbraunen Augen, einem offenen Gesichtsausdruck, Cockney-Kleidung wie die eines Stadtschreibers und einem unbestreitbaren Hauch von sehr gutem und gutem Wesen eher alltäglich. Das Lächeln war immer noch da, aber es könnte das erste Lächeln eines Babys gewesen sein.

„Ich wusste, dass ich ein Dichter bin", rief Syme in einer Art Ekstase. „Ich wusste, dass meine Intuition ebenso unfehlbar war wie die des Papstes. Es war die Brille, die es geschafft hat! Es waren die ganzen Spektakel. Angesichts dieser schrecklichen schwarzen Augen und seiner Gesundheit und seines fröhlichen Aussehens war er ein lebender Teufel unter den Toten."

„Es macht auf jeden Fall einen seltsamen Unterschied", sagte der Professor zitternd. „Aber was das Projekt von Dr. Bull betrifft –"

„Projekt zum Teufel!" brüllte Syme außer sich. "Schaue ihn an! Schauen Sie sich sein Gesicht an, schauen Sie sich seinen Kragen an, schauen Sie sich seine gesegneten Stiefel an! Sie glauben doch nicht, dass das Ding ein Anarchist ist?"

„Syme!" schrie der andere in ängstlicher Qual.

„Bei Gott", sagte Syme, „ich werde das Risiko selbst auf mich nehmen!" Dr. Bull, ich bin Polizist. Da ist meine Karte", und er warf die blaue Karte auf den Tisch.

Der Professor fürchtete immer noch, dass alles verloren sei; aber er war loyal. Er zog seine eigene offizielle Karte heraus und legte sie neben die seines Freundes. Dann brach der dritte Mann in Gelächter aus, und zum ersten Mal an diesem Morgen hörten sie seine Stimme.

„Ich bin schrecklich froh, dass ihr so früh gekommen seid", sagte er mit einer Art schuljungenhafter Leichtfertigkeit, „denn wir können alle gemeinsam nach Frankreich starten." „Ja, ich bin zur Genüge bei der Polizei", und er schnippte ihnen aus Formsache leicht eine blaue Karte zu.

Der Doktor schlug einen flotten Bowler auf den Kopf, setzte seine Koboldbrille wieder auf und bewegte sich so schnell auf die Tür zu, dass die anderen ihm instinktiv folgten. Syme schien ein wenig verstört zu sein, und als er unter der Tür hindurchging , schlug er plötzlich mit seinem Stock auf den steinernen Gang, so dass es klingelte.

„Aber Herr, allmächtiger Gott", schrie er, „wenn das in Ordnung ist, gab es im verdammten Rat mehr verdammte Detektive als verdammte Sprengmeister!"

„Wir hätten leicht kämpfen können", sagte Bull; „Wir waren vier gegen drei."

Der Professor stieg die Treppe hinunter, aber seine Stimme kam von unten.

„Nein", sagte die Stimme, „wir waren nicht vier gegen drei – wir hatten nicht so viel Glück." Wir waren vier gegen einen."

Die anderen gingen schweigend die Treppe hinunter.

Der junge Mann namens Bull bestand darauf, mit der ihm eigenen unschuldigen Höflichkeit als letzter zu gehen, bis sie die Straße erreichten; Doch dort setzte sich unbewusst seine eigene robuste Schnelligkeit durch, und er ging schnell voran, auf ein Eisenbahn-Auskunftsbüro zu, wobei er sich über die Schulter mit den anderen unterhielt.

„Es macht Spaß, ein paar Freunde zu haben", sagte er. „Ich war halb tot von den Sprüngen, da ich ganz allein war. Beinahe hätte ich meine Arme um Gogol geworfen und ihn umarmt, was unvorsichtig gewesen wäre. Ich hoffe, Sie verachten mich nicht dafür, dass ich in einem schlechten Zustand war."

„Alle blauen Teufel in der blauen Hölle", sagte Syme, „haben zu meinem Blue Funk beigetragen!" Aber der schlimmste Teufel waren Sie und Ihre höllische Brille."

Der junge Mann lachte erfreut.

„War es nicht ein Lappen?" er sagte. „So eine einfache Idee – nicht meine eigene. Ich habe nicht den Verstand. Wissen Sie, ich wollte in den Detektivdienst einsteigen, insbesondere in die Anti-Dynamit-Branche. Aber zu diesem Zweck wollten sie jemanden, der sich als Sprengstoffwerfer verkleidet; Und sie alle schworen bei Flammen, dass ich niemals wie ein Dynamiter aussehen könnte. Sie sagten, schon mein Gang sei respektabel, und von hinten sehe ich aus wie die britische Verfassung. Sie sagten, ich sähe zu gesund und zu optimistisch aus, zu zuverlässig und wohlwollend; Sie haben mich bei Scotland Yard mit allen möglichen Schimpfnamen beschimpft. Sie sagten, wenn ich ein Krimineller gewesen wäre, hätte ich vielleicht mein Vermögen dadurch gemacht, dass ich so wie ein ehrlicher Mann aussehe; Aber da ich das Unglück hatte, ein ehrlicher Mann zu sein, bestand nicht die geringste Chance, dass ich ihnen helfen würde, indem ich jemals wie ein Verbrecher aussah. Aber schließlich wurde ich vor einen alten Josser gebracht, der ganz oben in der Truppe stand und scheinbar einen riesigen Kopf auf seinen Schultern hatte. Und da redeten die anderen alle hoffnungslos. Einer fragte, ob ein buschiger Bart mein schönes Lächeln verbergen würde; ein anderer sagte, wenn sie mein Gesicht schwarz machen würden , würde ich wie ein Neger-Anarchist aussehen; aber dieser alte Kerl mischte sich mit einer höchst außergewöhnlichen Bemerkung ein. „Eine getönte Brille reicht aus", sagte er positiv. „Schau ihn dir jetzt an; Er sieht aus wie ein engelhafter Bürojunge. Setzen Sie ihm eine Rauchbrille auf, und Kinder werden bei seinem Anblick schreien.' Und so war es, bei George! Als meine Augen einmal bedeckt waren, ließ mich alles andere, Lächeln, große Schultern und kurze Haare, wie ein perfekter kleiner Teufel aussehen. Wie gesagt, als es geschah, war es ganz einfach, wie ein Wunder; aber das war nicht das wirklich Wunderbare daran. Es gab etwas wirklich Erstaunliches an dem Geschäft, und mir dreht sich immer noch der Kopf darüber."

"Was war das?" fragte Syme.

„Ich werde es Ihnen sagen ", antwortete der Mann mit der Brille. „Dieser große Kerl von der Polizei, der mich so einschätzte, dass er wusste, wie die Schutzbrille zu meinen Haaren und Socken passen würde – bei Gott, er hat mich überhaupt nie gesehen!"

Symes Augen richteten sich plötzlich auf ihn.

"Wie war das?" er hat gefragt. „Ich dachte, du hättest mit ihm gesprochen."

„ Das habe ich getan", sagte Bull fröhlich; „Aber wir redeten in einem stockdunklen Raum wie einem Kohlenkeller . Da hätte man das nie gedacht."

„Das hätte ich mir nicht vorstellen können", sagte Syme ernst.

„Es ist tatsächlich eine neue Idee", sagte der Professor.

Ihr neuer Verbündeter war in praktischen Angelegenheiten ein Wirbelwind. Im Auskunftsbüro erkundigte er sich in sachlicher Kürze nach den Zügen nach Dover. Nachdem er seine Informationen erhalten hatte, packte er die Gruppe in ein Taxi und setzte sie und sich selbst in einen Eisenbahnwaggon, bevor sie den atemlosen Vorgang richtig erkannt hatten. Sie waren bereits auf dem Calais-Boot, als die Unterhaltung ungehindert begann.

„Ich hatte bereits vereinbart“, erklärte er, „für mein Mittagessen nach Frankreich zu fahren; aber ich freue mich, jemanden zum Mittagessen bei mir zu haben. Sehen Sie, ich musste dieses Biest, den Marquis, mit seiner Bombe herüberschicken, weil der Präsident ein Auge auf mich geworfen hatte, obwohl Gott weiß, wie. Ich werde dir die Geschichte eines Tages erzählen . Es war vollkommen erstickend. Wann immer ich versuchte , herauszuschlüpfen, sah ich den Präsidenten irgendwo, wie er aus dem Erkerfenster eines Clubs lächelte oder auf dem Dach eines Omnibusses vor mir seinen Hut zog. Ich sage Ihnen, Sie können sagen, was Sie wollen, dieser Kerl hat sich dem Teufel verkauft; er kann an sechs Orten gleichzeitig sein.“

„ Soweit ich weiß, haben Sie also den Marquis weggeschickt“, fragte der Professor. „Ist das schon lange her? Werden wir rechtzeitig da sein, um ihn zu fangen?“

„Ja“, antwortete der neue Führer, „ich habe alles zeitlich gemessen. Er wird immer noch in Calais sein, wenn wir ankommen.“

„Aber wenn wir ihn in Calais erwischen“, sagte der Professor, „was werden wir dann tun?“

Bei dieser Frage senkte sich Dr. Bulls Miene zum ersten Mal. Er dachte ein wenig nach und sagte dann:

„Theoretisch, denke ich, sollten wir die Polizei rufen.“

„Ich nicht“, sagte Syme. „Theoretisch sollte ich mich zuerst ertränken. Ich habe einem armen Kerl, der ein echter moderner Pessimist war, auf mein Ehrenwort versprochen, es der Polizei nicht zu sagen. Ich bin kein Experte in Kasuistik, aber ich kann mein Wort gegenüber einem modernen Pessimisten nicht brechen. Es ist, als würde man einem Kind gegenüber sein Wort brechen.“

„Ich sitze im selben Boot“, sagte der Professor. „Ich habe versucht, es der Polizei zu sagen, aber es ist mir nicht gelungen, weil ich einen dummen Eid geschworen habe. Wissen Sie, als ich Schauspieler war , war ich eine Art Allrounder. Meineid oder Verrat ist das einzige Verbrechen, das ich nicht begangen habe. Wenn ich das täte , würde ich den Unterschied zwischen richtig und falsch nicht kennen.“

„Ich habe das alles durchgemacht“, sagte Dr. Bull, „und ich habe mich entschieden. Ich habe dem Sekretär mein Versprechen gegeben – Sie kennen ihn, einen Mann, der kopfüber lächelt. Meine Freunde, dieser Mann ist der völlig unglücklichste Mann, der jemals ein Mensch war. Es mag an seiner Verdauung liegen, oder an seinem Gewissen, oder an seinen Nerven, oder an seiner Weltanschauung, aber er ist verdammt, er ist in der Hölle! Nun, ich kann einen solchen Mann nicht angreifen und ihn jagen. Es ist, als würde man einen Aussätzigen auspeitschen. Ich bin vielleicht verrückt, aber so fühle ich mich; und dann ist es schon vorbei.

„Ich glaube nicht, dass du verrückt bist", sagte Syme. „Ich wusste, dass du dich so entscheiden würdest, als du zum ersten Mal ..."

„Äh?" sagte Dr. Bull.

„Als du zum ersten Mal deine Brille abgenommen hast."

Dr. Bull lächelte ein wenig und schlenderte über das Deck, um auf das sonnenbeschienene Meer zu blicken. Dann schlenderte er wieder zurück und trat nachlässig mit den Absätzen, und zwischen den drei Männern herrschte freundschaftliches Schweigen.

„Nun", sagte Syme, „es scheint, dass wir alle die gleiche Art von Moral oder Unmoral haben, also sollten wir besser der Tatsache ins Auge sehen, was daraus entsteht."

„Ja", stimmte der Professor zu, „Sie haben völlig recht; und wir müssen uns beeilen, denn ich sehe die Graue Nase aus Frankreich hervorstechen."

„Die Tatsache, die dabei herauskommt", sagte Syme ernst, „ist, dass wir drei allein auf diesem Planeten sind. Gogol ist gegangen, Gott weiß wohin; Vielleicht hat ihn der Präsident wie eine Fliege zerschmettert. Im Rat sind wir drei Männer gegen drei, wie die Römer, die die Brücke hielten. Aber es geht uns noch schlechter, erstens, weil sie sich an ihre Organisation wenden können, wir aber nicht an unsere, und zweitens, weil ..."

„Weil einer dieser anderen drei Männer", sagte der Professor, „kein Mann ist."

Syme nickte und schwieg ein oder zwei Sekunden, dann sagte er:

„Meine Idee ist diese. Wir müssen etwas tun, um den Marquis bis morgen Mittag in Calais zu behalten. Ich habe zwanzig Pläne in meinem Kopf durchgespielt. Wir können ihn nicht als Sprengstoffverbrenner anprangern; das ist vereinbart. Wir können ihn nicht wegen einer trivialen Anschuldigung festnehmen lassen, denn wir müssten erscheinen; Er kennt uns und würde eine Ratte riechen. Wir können nicht so tun, als würden wir ihn in anarchistischen Angelegenheiten halten; Er mochte auf diese Weise viel verdauen, aber nicht die Vorstellung, in Calais Halt zu machen, während der Zar sicher durch Paris reiste. Wir könnten versuchen, ihn zu entführen und ihn selbst einzusperren; aber er ist hier ein bekannter Mann. Er hat eine ganze Leibwache von Freunden; Er ist sehr stark und mutig, und das Ereignis ist zweifelhaft. Das Einzige, was ich mir vorstellen kann, ist, genau die Dinge auszunutzen, die für den Marquis von Vorteil sind . Ich werde von der Tatsache profitieren, dass er ein hochgeachteter Adliger ist. Ich werde davon profitieren, dass er viele Freunde hat und sich in bester Gesellschaft bewegt."

„Wovon zum Teufel redest du?" fragte der Professor.

„Die Symes werden erstmals im 14. Jahrhundert erwähnt", sagte Syme; „Aber es gibt eine Überlieferung, dass einer von ihnen in Bannockburn hinter Bruce ritt. Seit 1350 ist der Baum recht eindeutig."

„Er ist verrückt geworden", sagte der kleine Doktor und starrte ihn an.

„Unsere Orientierung", fuhr Syme ruhig fort, „sind ,silberne Chevron-Gules, die mit drei Crosslets des Feldes beladen sind'. Das Motto variiert."

Der Professor packte Syme grob an der Weste.

„Wir sind nur an der Küste", sagte er. „Bist du Seekrank oder machst du am falschen Ort Witze?"

„Meine Bemerkungen sind fast schmerzhaft praktisch", antwortete Syme ohne Eile. „Auch das Haus von St. Eustache ist sehr alt. Der Marquis kann nicht leugnen, dass er ein Gentleman ist. Er kann nicht leugnen, dass ich ein Gentleman bin. Und um die Frage meiner gesellschaftlichen Stellung völlig außer Zweifel zu stellen, schlage ich vor, ihm bei nächster Gelegenheit den Hut abzuziehen. Aber hier sind wir im Hafen ."

Sie gingen unter der starken Sonne in einer Art Benommenheit an Land. Syme, der nun wie Bull in London die Führung übernommen hatte, führte sie durch eine Art Marineparade, bis er zu einigen Cafés kam, eingebettet in viel Grün und mit Blick auf das Meer. Als er vor ihnen herging, war sein Schritt leicht stolzierend und er schwang seinen Stock wie ein Schwert. Offenbar war er auf dem Weg zum äußersten Ende der Reihe von Cafés, blieb aber abrupt stehen. Mit einer scharfen Geste forderte er sie zum Schweigen auf, aber er deutete mit einem behandschuhten Finger auf einen Cafétisch unter einer Reihe blühender Blätter, an dem der Marquis de St. Eustache saß, seine Zähne glänzten in seinem dichten, schwarzen Bart und sein kühnes Gesicht , braunes Gesicht, das von einem hellgelben Strohhut beschattet wird und sich vom violetten Meer abhebt.

KAPITEL X.
DAS DUELL

Syme setzte sich mit seinen Begleitern an einen Cafétisch, seine blauen Augen funkelten wie das helle Meer unter ihm, und bestellte voller freudiger Ungeduld eine Flasche Saumur. Aus irgendeinem Grund befand er sich in einem Zustand seltsamer Heiterkeit. Seine Stimmung war bereits unnatürlich hoch; Sie erhoben sich, als der Saumur sank, und nach einer halben Stunde war sein Gerede ein Strom von Unsinn. Er gab vor, einen Plan für das Gespräch auszuarbeiten, das zwischen ihm und dem tödlichen Marquis stattfinden würde. Er notierte es wild mit einem Bleistift. Es war wie ein gedruckter Katechismus aufgebaut, mit Fragen und Antworten, und wurde mit außerordentlicher Schnelligkeit vorgetragen.

„Ich werde näherkommen. Bevor ich seinen Hut abnehme, werde ich meinen eigenen abnehmen. Ich werde sagen: „Der Marquis de Saint Eustache, glaube ich.“ Er wird sagen: „Der berühmte Mr. Syme, nehme ich an.“ Er wird im exquisitesten Französisch sagen: „Wie geht es dir?“ Ich werde im exquisitesten Cockney antworten: ‚Oh, nur der Syme …‘“

„Oh, halt die Klappe“, sagte der Mann mit der Brille. „Reiß dich zusammen und wirf das Stück Papier weg. Was wirst du wirklich tun?“

„Aber es war ein wunderschöner Katechismus“, sagte Syme erbärmlich. „Lass mich es dir vorlesen. Es gibt nur 43 Fragen und Antworten, und einige der Antworten des Marquis sind wunderbar witzig. Ich mag es, gerecht zu meinem Feind zu sein.“

„Aber was nützt das Ganze?“ fragte Dr. Bull entnervt.

„Es führt zu meiner Herausforderung, verstehen Sie?“, sagte Syme strahlend. „Wenn der Marquis die neununddreißigste Antwort gegeben hat, die lautet —“

„Ist Ihnen zufällig in den Sinn gekommen“, fragte der Professor mit schwerfälliger Einfachheit, „dass der Marquis nicht alle dreiundvierzig Dinge sagen könnte, die Sie für ihn aufgeschrieben haben? Ich verstehe, dass Ihre eigenen Epigramme in diesem Fall etwas gezwungener wirken könnten.“

Syme schlug mit strahlendem Gesicht auf den Tisch.

„Wie wahr ist das doch“, sagte er, „und ich habe nie darüber nachgedacht. Sir, Sie haben einen Intellekt, der über das Übliche hinausgeht. Du wirst dir einen Namen machen.“

„Oh, du bist so betrunken wie eine Eule!“ sagte der Doktor.

„Es bleibt nur noch", fuhr Syme ganz unbeeindruckt fort, „eine andere Methode anzuwenden, um das Eis (wenn ich es so ausdrücken darf) zwischen mir und dem Mann, den ich töten möchte, zu brechen." Und da der Verlauf eines Dialogs nicht von einer seiner Parteien allein vorhergesagt werden kann (wie Sie mit solch widersprüchlichem Scharfsinn betont haben), besteht meines Erachtens das Einzige, was getan werden kann, darin, dass die eine Partei dies im Rahmen des Möglichen tut Führen Sie den gesamten Dialog selbst durch. Und das werde ich auch tun, bei George!" Und er stand plötzlich auf, sein gelbes Haar wehte in der leichten Meeresbrise.

Café spielte eine Band, die irgendwo zwischen den Bäumen versteckt war, und eine Frau hatte gerade aufgehört zu singen. Auf Symes erhitztem Kopf schien das Gebrüll der Blaskapelle wie der Klang und das Klirren der Drehorgel am Leicester Square, zu deren Melodie er einst aufgestanden war, um zu sterben. Er blickte zu dem kleinen Tisch hinüber, an dem der Marquis saß. Der Mann hatte jetzt zwei Begleiter, feierliche Franzosen in Gehröcken und Seidenhüten, einer von ihnen mit der roten Rosette der Ehrenlegion , offenbar Leute mit einer soliden gesellschaftlichen Stellung. Abgesehen von diesen schwarzen, zylindrischen Kostümen wirkte der Marquis mit seinem lockeren Strohhut und der leichten Frühlingskleidung böhmisch und sogar barbarisch; aber er sah aus wie der Marquis. Tatsächlich könnte man sagen, dass er mit seiner tierischen Eleganz, seinen verächtlichen Augen und seinem stolzen Kopf, der sich gegen das purpurne Meer erhob, wie ein König aussah. Aber er war jedenfalls kein christlicher König; Er war vielmehr ein dunkelhäutiger Despot, halb Grieche, halb Asiate, der in den Tagen, als die Sklaverei selbstverständlich schien, auf das Mittelmeer, auf seine Galeere und seine stöhnenden Sklaven herabblickte. Genau so, dachte Syme, hätte sich das braungoldene Gesicht eines solchen Tyrannen gegen die dunkelgrünen Oliven und das brennende Blau abgehoben.

„Werden Sie bei dem Treffen eine Rede halten?" fragte der Professor verärgert, als er sah, dass Syme immer noch aufstand, ohne sich zu bewegen.

Syme leerte sein letztes Glas Sekt.

„Ich bin dabei", sagte er und zeigte auf den Marquis und seine Gefährten, „dieses Treffen." Dieses Treffen missfällt mir. Ich werde diesem Treffen die große, hässliche, mahagonifarbene Nase ziehen . "

Er ging schnell, wenn auch nicht ganz sicher, hinüber. Als der Marquis ihn sah, hob er überrascht seine schwarzen assyrischen Augenbrauen, lächelte aber höflich.

„Ich glaube, Sie sind Mr. Syme", sagte er.

Syme verneigte sich.

„Und Sie sind der Marquis de Saint Eustache", sagte er anmutig. „Erlauben Sie mir, Sie an der Nase zu ziehen."

Er beugte sich dazu vor, aber der Marquis machte einen Satz nach hinten und stieß dabei seinen Stuhl um, und die beiden Männer mit Zylindern hielten Syme an den Schultern zurück.

„Dieser Mann hat mich beleidigt!" sagte Syme mit erklärenden Gesten.

„Hast du dich beleidigt?" rief der Herr mit der roten Rosette, „wann?"

„Oh, gerade eben", sagte Syme leichtsinnig. „Er hat meine Mutter beleidigt."

„Habe deine Mutter beleidigt!" rief der Herr ungläubig.

„Na ja, jedenfalls", sagte Syme und räumte ein, „meine Tante."

„Aber wie kann der Marquis Ihre Tante gerade jetzt beleidigt haben?" sagte der zweite Herr mit einiger berechtigter Verwunderung. „Er hat die ganze Zeit hier gesessen."

„Ah, das hat er gesagt!" sagte Syme düster.

„Ich habe überhaupt nichts gesagt", sagte der Marquis, „außer etwas über die Band. Ich habe nur gesagt, dass mir Wagner gut gefallen hat."

„Es war eine Anspielung auf meine Familie", sagte Syme entschieden. „Meine Tante hat Wagner schlecht gespielt. Es war ein schmerzhaftes Thema. Wir werden ständig deswegen beleidigt."

dekorierte Herr und blickte den Marquis zweifelnd an.

„Oh, ich versichere Ihnen", sagte Syme ernst, „das gesamte Gespräch war voller finsterer Anspielungen auf die Schwächen meiner Tante."

"Das ist Unsinn!" sagte der zweite Herr. „Ich für meinen Teil habe eine halbe Stunde lang nichts gesagt, außer dass mir der Gesang dieses Mädchens mit den schwarzen Haaren gefallen hat."

„So, da bist du ja wieder!" sagte Syme empört. „ Die meiner Tante war rot."

„Mir scheint", sagte der andere, „dass Sie lediglich einen Vorwand suchen, um den Marquis zu beleidigen."

„Bei George!" sagte Syme, drehte sich um und sah ihn an, „was für ein schlauer Kerl du bist!"

Der Marquis fuhr mit flammenden Augen wie die eines Tigers auf .

„Suche einen Streit mit mir!" er weinte. „Ich suche einen Kampf mit mir! Von Gott! Es gab nie einen Mann, der lange suchen musste. Diese Herren werden vielleicht für mich handeln. Es sind noch vier Stunden Tageslicht. Lasst uns heute Abend kämpfen."

Syme verneigte sich mit einer ganz schönen Anmut.

„Marquis", sagte er, „Ihre Tat verdient Ihren Ruhm und Ihr Blut. Erlauben Sie mir, mich einen Moment mit den Herren zu beraten, in deren Hände ich mich begeben werde."

Mit drei großen Schritten gesellte er sich zu seinen Gefährten, und sie, die seinen von Champagner inspirierten Angriff gesehen und seinen idiotischen Erklärungen zugehört hatten, waren über seinen Anblick ziemlich erstaunt. Denn jetzt , wo er zu ihnen zurückkam, war er ganz nüchtern, ein wenig blass, und er sprach mit leiser Stimme leidenschaftlicher Sachlichkeit.

„Ich habe es geschafft", sagte er heiser. „Ich habe einen Kampf gegen das Biest angezettelt. Aber schauen Sie hier und hören Sie genau zu. Es gibt keine Zeit zum Reden. Du bist mein Stellvertreter und alles muss von dir kommen. Jetzt müssen Sie unbedingt darauf bestehen, dass das Duell morgen nach sieben stattfindet, um mir die Chance zu geben, ihn daran zu hindern, die 7.45 Uhr für Paris zu erreichen. Wenn ihm das entgeht, entgeht ihm sein Verbrechen. Er kann es nicht ablehnen, Sie zu einem so kleinen Zeitpunkt und an einem so kleinen Ort zu treffen. Aber genau das wird er tun. Er wird sich irgendwo in der Nähe eines Bahnhofs ein Feld aussuchen, wo er den Zug abholen kann. Er ist ein sehr guter Schwertkämpfer und er wird darauf vertrauen, mich rechtzeitig zu töten, um es zu fangen. Aber ich kann auch gut fechten, und ich denke, ich kann ihn auf jeden Fall im Spiel halten, bis der Zug verloren geht. Dann tötet er mich vielleicht, um seine Gefühle zu trösten. Du verstehst? Dann möchte ich Ihnen ein paar bezaubernde Freunde vorstellen." Er führte sie schnell durch die Parade und stellte sie den Stellvertretern des Marquis mit zwei sehr aristokratischen Namen vor, von denen sie zuvor noch nichts gehört hatten.

Syme war anfällig für Krämpfe seines gesunden Menschenverstandes, die sonst nicht zu seinem Charakter gehörten. Es handelte sich (wie er von seinem Impuls bezüglich der Brillen sagte) um poetische Intuitionen, die manchmal den Höhepunkt einer Prophezeiung erreichten.

Er hatte in diesem Fall die Politik seines Gegners richtig berechnet. Als der Marquis von seinen Sekundanten darüber informiert wurde, dass Syme erst am Morgen kämpfen könne, muss ihm völlig klar gewesen sein , dass plötzlich ein Hindernis zwischen ihm und seinem Bombenwerfergeschäft in der Hauptstadt entstanden war. Natürlich konnte er diesen Einwand seinen Freunden nicht erklären, also wählte er den Weg, den Syme vorhergesagt hatte. Er veranlasste seine Sekundanten, sich auf einer kleinen Wiese unweit der Eisenbahn niederzulassen, und vertraute auf den Verhängnisvollen des ersten Gefechts.

Ehre kam , konnte niemand ahnen, dass er Angst vor einer Reise hatte; seine Hände waren in seinen Taschen, sein Strohhut auf dem Hinterkopf, sein hübsches Gesicht war dreist in der Sonne. Aber einem Fremden wäre es vielleicht merkwürdig vorgekommen, dass in seinem Gefolge nicht nur seine Sekundanten erschienen, die den Schwertkoffer trugen, sondern auch zwei seiner Diener, die einen Koffer und einen Lunchkorb trugen.

So früh es noch war, tauchte die Sonne alles in Wärme, und Syme war leicht überrascht, im hohen Gras, in dem die ganze Gesellschaft fast knietief stand, so viele Frühlingsblumen in Gold und Silber brennen zu sehen.

Mit Ausnahme des Marquis trugen alle Männer eine düstere und feierliche Morgenkleidung mit Hüten, die wie schwarze Schornsteine aussahen; Vor allem der kleine Doktor sah mit seiner schwarzen Brille wie ein Bestatter in einer Farce aus. Syme kam nicht umhin, einen komischen Kontrast zwischen dieser feierlichen Kirchenparade und der üppigen, glitzernden Wiese zu spüren, auf der überall wilde Blumen wuchsen. Aber tatsächlich war dieser komische Kontrast zwischen den gelben Blüten und den schwarzen Hüten nur ein Symbol für den tragischen Kontrast zwischen den gelben Blüten und dem schwarzen Geschäft. Zu seiner Rechten befand sich ein kleiner Wald; Weit entfernt zu seiner Linken verlief die lange Biegung der Eisenbahnlinie, die er sozusagen vor dem Marquis beschützte, dessen Ziel und Fluchtweg es war. Vor sich, hinter der schwarzen Gruppe seiner Gegner, konnte er wie eine farbige Wolke einen kleinen blühenden Mandelstrauch vor der schwachen Linie des Meeres sehen.

Das Mitglied der Ehrenlegion , dessen Name anscheinend Oberst Ducroix war , näherte sich dem Professor und Dr. Bull mit großer Höflichkeit und schlug vor, das Stück mit der ersten erheblichen Verletzung zu beenden.

Dr. Bull jedoch, der von Syme in diesem Punkt der Politik sorgfältig geschult worden war, bestand mit großer Würde und in sehr schlechtem Französisch darauf, dass es so lange weitergehen sollte, bis einer der Kombattanten kampfunfähig sei. Syme war zu dem Schluss gekommen, dass er den Marquis nicht außer Gefecht setzen und den Marquis mindestens zwanzig Minuten lang davon abhalten konnte, ihn außer Gefecht zu setzen. In zwanzig Minuten wäre der Pariser Zug vorbeigefahren.

„Für einen Mann von der bekannten Geschicklichkeit und Tapferkeit von Monsieur de St. Eustache", sagte der Professor feierlich, „muss es eine Frage der Gleichgültigkeit sein, welche Methode angewandt wird, und unser

Direktor hat gute Gründe, die längere Begegnung zu fordern, Gründe, deren Feinheit mich daran hindert, explizit zu sein, aber deren gerechter und ehrenhafter Charakter ich nicht kann –"

„ *Peste !* „Lasst uns aufhören zu reden und anfangen", brach es aus dem Marquis hinter ihm hervor, dessen Gesicht sich plötzlich verdunkelte, und er schlug mit seinem Stock den Kopf einer hohen Blume ab.

Syme verstand seine grobe Ungeduld und blickte instinktiv über die Schulter, um zu sehen, ob der Zug in Sicht sei. Aber am Horizont war kein Rauch zu sehen.

Oberst Ducroix kniete nieder, schloss den Koffer auf und holte ein Paar Zwillingsschwerter heraus, die das Sonnenlicht einnahmen und sich in zwei weiße Feuerstreifen verwandelten. Eines reichte er dem Marquis, der es ohne Umschweife schnappte, und ein anderes Syme, der es nahm, es bog und so lange aufstellte, wie es mit Würde vereinbar war.

Dann holte der Oberst ein weiteres Paar Klingen heraus, nahm selbst eine, gab Dr. Bull eine andere und begann, die Männer zu platzieren.

Beide Kämpfer hatten ihre Mäntel und Westen abgelegt und standen mit dem Schwert in der Hand da. Die Sekundanten standen auf beiden Seiten der Kampflinie ebenfalls mit gezogenen Schwertern, aber immer noch düster in ihren dunklen Gehröcken und Hüten. Die Schulleiter salutierten. Der Colonel sagte leise: „Eingreifen!" und die beiden Klingen berührten sich und kribbelten.

Als das Gefäß mit dem zusammengefügten Eisen Symes Arm hochlief, fielen all die fantastischen Ängste, die Gegenstand dieser Geschichte waren, von ihm ab wie Träume von einem Mann, der im Bett aufwacht. Er erinnerte sich klar und geordnet an sie als bloße Nerventäuschungen – wie die Angst vor dem Professor die Angst vor den tyrannischen Zufällen des Albtraums gewesen war und wie die Angst vor dem Doktor die Angst vor dem luftleeren Vakuum der Wissenschaft gewesen war. Das erste war die alte Angst, dass irgendein Wunder geschehen könnte, das zweite die hoffnungslosere moderne Angst, dass kein Wunder jemals geschehen könnte. Aber er erkannte, dass diese Ängste Einbildungen waren, denn er befand sich vor der großen Tatsache der Todesangst mit ihrem groben und erbarmungslosen gesunden Menschenverstand. Er fühlte sich wie ein Mann, der die ganze Nacht davon geträumt hatte, über Abgründe zu fallen, und der an dem Morgen aufgewacht war , als er gehängt werden sollte. Denn sobald er gesehen hatte, wie das Sonnenlicht durch den Kanal der verkürzten Klinge seines Feindes lief, und sobald er gespürt hatte, wie sich die beiden Zungen aus Stahl berührten und wie zwei Lebewesen vibrierten, wusste er, dass sein

Feind ein schrecklicher Kämpfer war, und dass wahrscheinlich seine letzte
Stunde gekommen war.

Er fühlte einen seltsamen und lebendigen Wert in der ganzen Erde um
ihn herum, im Gras unter seinen Füßen; er spürte die Liebe zum Leben in
allen Lebewesen. Es kam ihm fast vor, als höre er das Gras wachsen; Er
konnte sich fast vorstellen, dass, während er dastand, frische Blumen auf der
Wiese emporschossen und zu blühen begannen – blutrote und leuchtend
goldene und blaue Blumen, die den ganzen Frühlingsspektakel erfüllten. Und
wann immer seine Augen für einen Augenblick von den ruhigen, starrenden,
hypnotischen Augen des Marquis abwichen, sahen sie das kleine
Mandelbaumbüschel vor der Skyline. Er hatte das Gefühl, wenn er durch ein
Wunder entkommen würde, wäre er bereit, für immer vor diesem
Mandelbaum zu sitzen und sich nichts anderes auf der Welt zu wünschen.

Aber während Erde, Himmel und alles die lebendige Schönheit eines
verlorenen Dings besaßen, war die andere Hälfte seines Kopfes so klar wie
Glas, und er parierte den Standpunkt seines Feindes mit einer Art
Uhrwerkgeschicklichkeit, zu der er sich selbst kaum fähig geglaubt hatte.
Einmal lief die Spitze seines Feindes über sein Handgelenk und hinterließ
einen leichten Blutstreifen, der jedoch entweder nicht bemerkt oder
stillschweigend ignoriert wurde. Hin und wieder *konterte er* , und ein- oder
zweimal hatte er fast das Gefühl, dass er seinen Standpunkt bekräftigte, aber
da weder Blut noch die Klinge noch das Hemd zu sehen waren , vermutete
er, dass er sich geirrt hatte. Dann kam eine Unterbrechung und eine
Veränderung.

Auf die Gefahr hin, alles zu verlieren, unterbrach der Marquis seinen
stillen Blick und warf einen Blick über die Schulter auf die Eisenbahnlinie zu
seiner Rechten. Dann wandte er sich Syme zu, sein Gesicht verwandelte sich
in das eines Unholds, und er begann zu kämpfen, als ob er mit zwanzig
Waffen bewaffnet wäre. Der Angriff erfolgte so schnell und heftig, dass das
eine leuchtende Schwert wie ein Schauer leuchtender Pfeile wirkte. Syme
hatte keine Gelegenheit, einen Blick auf die Eisenbahn zu werfen; aber er
hatte auch kein Bedürfnis. Er konnte den Grund für den plötzlichen
Kampfwahnsinn des Marquis erraten – der Pariser Zug war in Sicht.

Aber die krankhafte Energie des Marquis übertraf ihre Grenzen. Zweimal
parierte Syme und schob die Spitze seines Gegners weit aus dem Kampfkreis
hinaus; und beim dritten Mal war seine *Antwort* so schnell, dass es diesmal
keinen Zweifel mehr am Treffer gab. Symes Schwert verbogen sich
tatsächlich unter dem Gewicht des Körpers des Marquis, den es durchbohrt
hatte.

Syme war sich ebenso sicher, dass er seine Klinge in seinen Feind gesteckt
hatte, wie ein Gärtner, dass er seinen Spaten in die Erde gesteckt hatte. Doch

der Marquis sprang von dem Hieb zurück, ohne zu taumeln, und Syme stand da und starrte wie ein Idiot auf seine eigene Schwertspitze. Es war überhaupt kein Blut darauf.

Es herrschte einen Moment starrer Stille, und dann stürzte sich Syme seinerseits wütend auf den anderen, erfüllt von flammender Neugier. Der Marquis war im Allgemeinen wahrscheinlich ein besserer Fechter als er, wie er zu Beginn vermutet hatte, aber im Moment schien der Marquis verstört und im Nachteil zu sein. Er kämpfte wild und sogar schwach, und er blickte ständig zur Eisenbahnlinie, fast so, als hätte er mehr Angst vor dem Zug als vor dem spitzen Stahl. Syme hingegen kämpfte erbittert, aber dennoch vorsichtig, in intellektueller Wut, begierig darauf, das Rätsel seines eigenen blutleeren Schwertes zu lösen. Zu diesem Zweck zielte er weniger auf den Körper des Marquis, sondern mehr auf seine Kehle und seinen Kopf. Eineinhalb Minuten später spürte er, wie seine Spitze unterhalb des Kiefers in den Hals des Mannes eindrang. Es kam sauber heraus. Halb wahnsinnig stieß er noch einmal zu und hinterließ eine blutige Narbe auf der Wange des Marquis. Aber es gab keine Narbe.

Für einen Moment wurde der Himmel von Syme wieder schwarz vor übernatürlichen Schrecken. Sicherlich hatte der Mann ein bezauberndes Leben. Aber diese neue spirituelle Angst war schrecklicher als die bloße spirituelle Verwirrung symbolisiert durch den Gelähmten, der ihn verfolgte. Der Professor war nur ein Kobold; Dieser Mann war ein Teufel – vielleicht war er der Teufel! Jedenfalls war es sicher, dass dreimal ein menschliches Schwert in ihn eingedrungen war und keine Spuren hinterlassen hatte. Als Syme diesen Gedanken hatte, richtete er sich auf, und alles Gute in ihm sang hoch oben in der Luft, wie ein starker Wind in den Bäumen singt. Er dachte an all die menschlichen Dinge in seiner Geschichte – an die chinesischen Laternen im Saffron Park, an die roten Haare des Mädchens im Garten, an die ehrlichen, biertrinkenden Matrosen unten am Dock, an seine treuen Begleiter, die ihm zur Seite standen. Vielleicht war er als Verfechter all dieser frischen und freundlichen Dinge ausgewählt worden, um mit dem Feind der gesamten Schöpfung die Schwerter zu kreuzen. „Schließlich", sagte er sich, „bin ich mehr als ein Teufel; Ich bin ein Mann. Ich kann das Einzige tun, was Satan selbst nicht tun kann – ich kann sterben", und als ihm das Wort durch den Kopf ging, hörte er ein leises und weit entferntes Schreien, das bald das Dröhnen des Pariser Zuges sein würde.

Er fing wieder an zu kämpfen, mit einer übernatürlichen Leichtigkeit, wie ein Mohammedaner, der nach dem Paradies strebt. Als der Zug immer näher kam, glaubte er, Menschen zu sehen, die in Paris Blumenbögen aufstellten; Er schloss sich dem wachsenden Lärm und dem Ruhm der großen Republik an, deren Tor er vor der Hölle bewachte. Seine Gedanken stiegen immer höher mit dem immer lauter werdenden Dröhnen des Zuges, der wie stolz in einem langen, durchdringenden Pfiff endete. Der Zug hielt an.

Plötzlich, zum Erstaunen aller, sprang der Marquis außer Reichweite des Schwertes zurück und warf sein Schwert hin. Der Sprung war wunderbar, und nicht weniger wunderbar, weil Syme kurz zuvor sein Schwert in den Oberschenkel des Mannes gerammt hatte.

"Stoppen!" sagte der Marquis mit einer Stimme, die einen augenblicklichen Gehorsam erzwang. "Ich möchte etwas sagen."

"Was ist los?" fragte Oberst Ducroix und starrte ihn an. „Gab es ein Foulspiel?“

„Irgendwo hat es ein Foulspiel gegeben“, sagte Dr. Bull, der etwas blass war. „Unser Direktor hat den Marquis mindestens viermal verwundet, und es geht ihm nicht schlechter.“

Der Marquis hob seine Hand mit einer seltsamen Miene grässlicher Geduld.

„Bitte lassen Sie mich sprechen“, sagte er. „Es ist ziemlich wichtig. Mr. Syme“, fuhr er fort und wandte sich an seinen Gegner, „wenn ich mich recht erinnere, kämpfen wir heute, weil Sie den Wunsch geäußert haben (den ich für irrational hielt), mir die Nase zu ziehen. Würden Sie mir den Gefallen tun, indem Sie mir jetzt so schnell wie möglich an der Nase ziehen? Ich muss einen Zug erwischen.“

„Ich protestiere dagegen, dass dies äußerst unregelmäßig ist“, sagte Dr. Bull empört.

„Es steht auf jeden Fall im Widerspruch zum Präzedenzfall“, sagte Oberst Ducroix und sah seinen Schulleiter wehmütig an. „Ich glaube, es gibt einen aktenkundigen Fall (Captain Bellegarde und Baron Zumpt), bei dem die Waffen mitten im Kampf auf Wunsch eines der Kombattanten gewechselt wurden. Aber man kann seine Nase kaum als Waffe bezeichnen.“

„Wirst du mich an der Nase ziehen oder nicht?“ sagte der Marquis entnervt. „Kommen Sie, kommen Sie, Herr Syme! Du wolltest es tun, tu es! Sie können sich gar nicht vorstellen, wie wichtig es für mich ist. Sei nicht so egoistisch! Zieh mir sofort die Nase, wenn ich dich darum bitte!“ und er beugte sich mit einem faszinierenden Lächeln leicht nach vorne. Der Pariser Zug war keuchend und ächzend in einen kleinen Bahnhof hinter dem benachbarten Hügel eingefahren .

Syme hatte das Gefühl, das er bei diesen Abenteuern mehr als einmal gehabt hatte – das Gefühl, dass eine schreckliche und erhabene Welle, die zum Himmel emporstieg, gerade umkippte. Als er durch eine Welt ging, die er nur halb verstand, trat er zwei Schritte vor und ergriff die römische Nase dieses bemerkenswerten Adligen. Er zog kräftig daran und es löste sich in seiner Hand.

Er stand einige Sekunden lang mit törichter Feierlichkeit da, den Papprüssel immer noch zwischen seinen Fingern, und betrachtete es, während die Sonne und die Wolken und die bewaldeten Hügel auf diese dumme Szene herabblickten.

Der Marquis brach die Stille mit lauter und fröhlicher Stimme.

„Wenn jemand etwas für meine linke Augenbraue braucht", sagte er, „kann er sie haben. Oberst Ducroix , akzeptieren Sie meine linke Augenbraue! So etwas kann jeden Tag nützlich sein", und er riss sich feierlich eine seiner dunklen assyrischen Brauen ab, wobei er etwa die Hälfte seiner braunen Stirn mit sich zog, und reichte sie höflich dem Oberst, der rot und sprachlos vor Wut dastand .

„Wenn ich gewusst hätte", stotterte er, „dass ich für einen Poltroon spiele, der sich für den Kampf die nötige Nahrung gibt ..."

„Oh, ich weiß, ich weiß!" sagte der Marquis und warf rücksichtslos verschiedene Teile von sich rechts und links über das Feld. „Du machst einen Fehler; aber es kann jetzt nicht erklärt werden. Ich sage Ihnen, der Zug ist im Bahnhof angekommen!"

„Ja", sagte Dr. Bull grimmig, „und der Zug soll den Bahnhof verlassen." Es wird ohne dich ausgehen. Wir wissen gut genug, was für ein Werk des Teufels –"

Der geheimnisvolle Marquis hob mit einer verzweifelten Geste die Hände. Er war eine seltsame Vogelscheuche, die da in der Sonne stand, die Hälfte seines alten Gesichts abgezogen und die andere Hälfte, die von unten herab starrte und grinste.

„Wirst du mich verrückt machen?" er weinte. "Der Zug–"

„Du sollst nicht mit dem Zug fahren", sagte Syme entschieden und ergriff sein Schwert.

Die wilde Gestalt drehte sich zu Syme um und schien sich zu einer erhabenen Anstrengung zu sammeln, bevor sie sprach.

„Du großer fetter, verdammter, trübäugiger, stolpernder, donnernder, hirnloser, gottverlassener, schlauer, verdammter Narr!" sagte er ohne Luft zu holen. „Du tolle, dumme, rothaarige, rothaarige Rübe! Du-"

„Du sollst nicht mit diesem Zug fahren", wiederholte Syme.

„Und warum brennt die Hölle", brüllte der andere, „sollte ich mit der Bahn fahren wollen?"

„Wir wissen alles", sagte der Professor streng. „Du gehst nach Paris, um eine Bombe zu werfen!"

„Ich gehe nach Jericho, um einen Jabberwock zu werfen!" rief der andere und riss sich die Haare aus, die sich leicht lösen ließen.

„Habt ihr alle eine Geistesschwäche, sodass ihr nicht erkennt, was ich bin? Dachten Sie wirklich, ich wollte diesen Zug nehmen? Für mich könnten zwanzig Pariser Züge vorbeifahren. Verdammte Pariser Züge!"

„Was hat dich dann interessiert?" begann der Professor.

„Was hat mich interessiert? Es war mir egal, ob ich den Zug erwischte; Es war mir wichtig, ob der Zug mich erwischte, und nun, bei Gott! es hat mich erwischt."

„Ich bedauere, Ihnen mitteilen zu müssen", sagte Syme zurückhaltend, „dass Ihre Bemerkungen keinen Eindruck auf mich hinterlassen." Vielleicht würde Ihre Bedeutung klarer werden, wenn Sie die Überreste Ihrer ursprünglichen Stirn und einen Teil dessen, was einst Ihr Kinn war, entfernen würden. Geistige Klarheit erfüllt sich auf viele Arten. Was meinst du damit, dass der Zug dich erwischt hat? Es mag meine literarische Vorliebe sein, aber irgendwie habe ich das Gefühl, dass es etwas bedeuten sollte."

„Es bedeutet alles", sagte der andere, „und das Ende von allem." Der Sonntag hat uns jetzt in der Hand."

"Uns!" wiederholte der Professor wie verblüfft. „Was meinst du mit ‚uns'?"

„Die Polizei natürlich!" sagte der Marquis und riss ihm den Kopf und das halbe Gesicht ab.

Der Kopf, der zum Vorschein kam, war der blonde, gut gebürstete, glatthaarige Kopf, der bei der englischen Polizei üblich ist, aber das Gesicht war furchtbar blass.

„Ich bin Inspektor Ratcliffe", sagte er mit einer Eile, die an Härte grenzte. „Mein Name ist der Polizei ziemlich gut bekannt, und ich kann gut erkennen, dass Sie zu ihnen gehören. Aber wenn irgendwelche Zweifel an meiner Position bestehen, habe ich eine Karte", und er begann, eine blaue Karte aus seiner Tasche zu ziehen.

Der Professor machte eine müde Geste.

„Oh, zeig es uns nicht", sagte er müde; „Wir haben genug davon, um eine Schnitzeljagd auszustatten."

Der kleine Mann namens Bull hatte, wie viele Männer, die nur von lebhafter Vulgarität zu sein scheinen, plötzliche Bewegungen des guten Geschmacks. Hier hat er die Situation sicherlich gerettet. Inmitten dieser atemberaubenden Verwandlungsszene trat er mit der ganzen Ernsthaftigkeit und Verantwortung einer Sekunde vor und wandte sich an die beiden Sekunden des Marquis.

„Meine Herren", sagte er, „wir alle schulden Ihnen eine ernsthafte Entschuldigung; aber ich versichere Ihnen, dass Sie nicht zum Opfer eines so niederträchtigen Scherzes geworden sind, wie Sie ihn sich vorstellen, oder auch nicht von irgendetwas, das an einem Ehrenmann unwürdig wäre . Sie haben Ihre Zeit nicht verschwendet; Du hast geholfen, die Welt zu retten. Wir sind keine Trottel, sondern sehr verzweifelte Männer im Krieg mit einer riesigen Verschwörung. Ein Geheimbund von Anarchisten jagt uns wie Hasen; nicht so unglückliche Verrückte, die hier und da durch Hunger oder deutsche Philosophie eine Bombe werfen, sondern eine reiche, mächtige und fanatische Kirche, eine Kirche des östlichen Pessimismus, die es für heilig hält, die Menschheit wie Ungeziefer zu vernichten. Wie hart sie uns jagen, können Sie daran erkennen, dass wir zu solchen Verkleidungen getrieben werden, für die ich mich entschuldige , und zu solchen Streichen wie diesem, unter denen Sie leiden."

Der jüngere Stellvertreter des Marquis, ein kleiner Mann mit schwarzem Schnurrbart, verneigte sich höflich und sagte:

„Natürlich akzeptiere ich die Entschuldigung; Aber Sie werden mir Ihrerseits verzeihen, wenn ich es ablehne, Ihnen weiter in Ihre Schwierigkeiten zu folgen, und mir erlauben, guten Morgen zu sagen! Der Anblick eines Bekannten und angesehenen Mitbürgers, der im Freien zerfällt, ist ungewöhnlich und im Großen und Ganzen ausreichend für einen Tag. Oberst Ducroix , ich würde Ihre Handlungen in keiner Weise beeinflussen, aber wenn Sie mit mir das Gefühl haben, dass unsere gegenwärtige Gesellschaft ein wenig abnormal ist, werde ich jetzt in die Stadt zurückgehen."

Oberst Ducroix bewegte sich mechanisch, zupfte dann aber abrupt an seinem weißen Schnurrbart und brach aus:

„Nein, bei George! Das werde ich nicht. Wenn diese Herren wirklich mit einer Menge solcher Mistkerle in der Klemme stecken, werde ich ihnen dabei helfen. Ich habe für Frankreich gekämpft, und es ist schwer, wenn ich nicht für die Zivilisation kämpfen kann."

Dr. Bull nahm seinen Hut ab und schwenkte ihn jubelnd wie bei einer öffentlichen Versammlung.

„Machen Sie nicht zu viel Lärm", sagte Inspektor Ratcliffe, „Sunday könnte Sie hören."

"Sonntag!" rief Bull und ließ seinen Hut fallen.

„Ja", erwiderte Ratcliffe, „er könnte bei ihnen sein."

"Mit wem?" fragte Syme.

„Mit den Leuten aus diesem Zug", sagte der andere.

„Was Sie sagen, kommt mir absolut wild vor", begann Syme. „Na ja, tatsächlich – aber mein Gott", schrie er plötzlich wie ein Mann, der in weiter Ferne eine Explosion sieht, „bei Gott! Wenn das wahr ist, waren wir alle im Anarchistischen Rat alle gegen die Anarchie! Jeder geborene Mann war ein Detektiv, außer dem Präsidenten und seiner persönlichen Sekretärin. Was kann es bedeuten?"

"Bedeuten!" sagte der neue Polizist mit unglaublicher Heftigkeit. „Es bedeutet, dass wir erschlagen sind! Kennst du Sonntag nicht? Wussten Sie nicht, dass seine Witze immer so groß und einfach sind, dass man nie daran gedacht hat? Können Sie sich etwas Ähnlicheres für den Sonntag vorstellen als diesen, dass er alle seine mächtigen Feinde in den Obersten Rat bringen und dann dafür sorgen sollte, dass dieser nicht der Oberste ist? Ich sage Ihnen, er hat jeden Trust gekauft, er hat jedes Kabel erobert, er hat die Kontrolle über jede Eisenbahnlinie – insbesondere über *diese* Eisenbahnlinie!" und er deutete mit zitterndem Finger auf die kleine Station am Wegesrand. „Die ganze Bewegung wurde von ihm kontrolliert; die halbe Welt war bereit, sich für ihn zu erheben. Aber es gab vielleicht nur fünf Leute, die sich ihm widersetzt hätten ... und der alte Teufel hat sie in den Obersten Rat gesteckt, um ihre Zeit damit zu verschwenden, sich gegenseitig zu beobachten. Was wir für Idioten sind, er hat all unsere Idioten geplant! Sunday wusste, dass der Professor Syme durch London verfolgen und dass Syme in Frankreich gegen mich kämpfen würde. Und er bündelte große Kapitalmassen und beschlagnahmte große Telegrafenlinien, während wir fünf Idioten einander hinterherliefen wie viele verwirrte Babys, die Blinde spielen . "

"Also?" fragte Syme mit einer Art Standhaftigkeit.

„Nun", antwortete der andere mit plötzlicher Gelassenheit, „er hat uns heute beim Blindenbuff auf einem Feld von großer rustikaler Schönheit und extremer Einsamkeit gefunden." Er hat wahrscheinlich die Welt erobert; Es bleibt ihm nur noch, dieses Feld und alle Narren darin zu erobern. Und da Sie wirklich wissen möchten, was ich gegen die Ankunft dieses Zuges einzuwenden hatte, werde ich es Ihnen sagen. Mein Einwand war, dass

Sunday oder seine Sekretärin in diesem Moment aus der Sache herausgekommen sind."

Syme stieß einen unwillkürlichen Schrei aus und alle richteten ihren Blick auf die weit entfernte Station. Es stimmte durchaus, dass sich eine beträchtliche Menge Menschen in ihre Richtung zu bewegen schien. Aber sie waren zu weit entfernt, um irgendwie unterschieden zu werden.

„Es war die Gewohnheit des verstorbenen Marquis de St. Eustache", sagte der neue Polizist und holte ein Lederetui hervor, „immer ein Opernglas bei sich zu haben." Entweder der Präsident oder der Minister sind mit dieser Meute hinter uns her. Sie haben uns an einem schönen, ruhigen Ort erwischt, wo wir nicht in Versuchung geraten, unseren Eid zu brechen und die Polizei zu rufen. Dr. Bull, ich habe den Verdacht, dass Sie dadurch besser sehen werden als durch Ihre eigene, sehr dekorative Brille."

Er reichte den Feldstecher dem Doktor, der sofort seine Brille abnahm und den Fernstecher an seine Augen setzte.

„Es kann nicht so schlimm sein, wie Sie sagen", sagte der Professor etwas erschüttert. „Es gibt sicherlich eine ganze Menge davon, aber es können durchaus normale Touristen sein."

„Tragen normale Touristen", fragte Bull mit dem Fernglas vor den Augen, „schwarze Masken bis zur Hälfte des Gesichts?"

Syme riss ihm fast die Brille aus der Hand und blickte hindurch. Die meisten Männer in der vorrückenden Menge sahen wirklich ganz normal aus; aber es stimmte durchaus, dass zwei oder drei der Anführer an der Spitze schwarze Halbmasken trugen, die fast bis zum Mund reichten. Diese Tarnung ist sehr vollständig, vor allem aus dieser Entfernung, und Syme konnte aus den glattrasierten Kiefern und Kinnen der Männer, die vorne redeten, nichts schließen. Aber als sie redeten, lächelten sie alle, und einer von ihnen lächelte auf einer Seite.

KAPITEL XI.
Die Kriminellen jagen die Polizei

Mit einer fast gespenstischen Erleichterung nahm Syme den Fernstecher von seinen Augen.

„Der Präsident ist sowieso nicht bei ihnen", sagte er und wischte sich die Stirn.

„Aber sicherlich sind sie sofort am Horizont", sagte der verwirrte Colonel, blinzelte und erholte sich nur halb von Bulls hastiger, aber höflicher Erklärung. „Könnten Sie unter all diesen Leuten möglicherweise Ihren Präsidenten erkennen?"

„Könnte ich unter all diesen Leuten einen weißen Elefanten erkennen?" antwortete Syme etwas gereizt. „Wie Sie ganz ehrlich sagen, sind sie am Horizont; aber wenn er mit ihnen gehen würde... bei Gott! Ich glaube, dieser Boden würde ins Wanken geraten."

Nach einer kurzen Pause sagte der neue Mann namens Ratcliffe mit düsterer Entscheidung:

„ Natürlich ist der Präsident nicht bei ihnen. Ich wünschte, er wäre Zwilling. Viel wahrscheinlicher ist, dass der Präsident triumphierend durch Paris reitet oder auf den Ruinen der St. Paul's Cathedral sitzt."

"Das ist absurd!" sagte Syme. „Vielleicht ist in unserer Abwesenheit etwas passiert; aber er kann die Welt nicht mit einem solchen Ansturm getragen haben. Es ist ganz wahr", fügte er hinzu und blickte zweifelnd stirnrunzelnd auf die fernen Felder, die in der Nähe des kleinen Bahnhofs lagen, „es ist sicherlich wahr, dass hier eine Menschenmenge zu kommen scheint; aber sie sind nicht das ganze Heer, das ihr ausmacht."

„Oh, sie", sagte der neue Detektiv verächtlich; „Nein, sie sind keine sehr wertvolle Kraft. Aber lassen Sie mich Ihnen ganz offen sagen, dass sie genau auf unseren Wert abgestimmt sind — wir sind nicht viel, mein Junge, im Sonntagsuniversum. Alle Kabel und Telegrafen hat er selbst besorgt. Aber den Obersten Rat zu töten, hält er für eine triviale Angelegenheit, wie eine Postkarte; es kann seinem Privatsekretär überlassen werden", und er spuckte ins Gras.

Dann wandte er sich an die anderen und sagte etwas streng:

„Zum Tod gibt es viel zu sagen; aber wenn jemand die andere Alternative bevorzugt, rate ich ihm dringend, mir nachzulaufen."

Mit diesen Worten drehte er seinen breiten Rücken um und schritt mit stiller Energie auf den Wald zu. Die anderen warfen einen Blick über die Schulter und sahen, dass sich die dunkle Männerwolke von der Station gelöst hatte und sich mit geheimnisvoller Disziplin über die Ebene bewegte. Sie sahen bereits mit bloßem Auge schwarze Flecken auf den vordersten Gesichtern, die die Masken markierten, die sie trugen. Sie drehten sich um und folgten ihrem Anführer, der bereits den Wald getroffen hatte, und verschwanden zwischen den funkelnden Bäumen.

Die Sonne auf dem Gras war trocken und heiß. Als sie in den Wald eintauchten , erlebten sie einen kühlen Schattenwurf, wie bei Tauchern, die in ein trübes Wasser springen. Das Innere des Waldes war voller zersplitterter Sonnenstrahlen und bewegter Schatten. Sie bildeten eine Art zitternden Schleier, der fast an den Schwindel eines Kinematographen erinnerte. Selbst die kräftigen Gestalten, die mit ihm gingen, konnte Syme wegen der Muster aus Sonne und Schatten, die auf ihnen tanzten, kaum erkennen. Jetzt wurde der Kopf eines Mannes wie mit einem Rembrandt-Licht erleuchtet, und alles andere blieb ausgelöscht; Jetzt hatte er wieder starke und starrende weiße Hände mit dem Gesicht eines Negers. Der Ex-Marquis hatte den alten Strohhut über die Augen gezogen, und die schwarze Krempe der Krempe schnitt sein Gesicht so tief in zwei Teile, dass es aussah, als trüge es eine der schwarzen Halbmasken ihrer Verfolger. Die Fantasie färbte Symes überwältigendes Staunen. Trug er eine Maske? Trug jemand eine Maske? War irgendjemand etwas? Dieser Wald der Hexerei, in dem die Gesichter der Männer abwechselnd schwarz und weiß wurden, in dem ihre Gestalten zunächst im Sonnenlicht anschwollen und dann in formloser Nacht verblassten, dieses bloße Chaos von Hell-Dunkel (nach dem klaren Tageslicht draußen), erschien Syme als perfektes Symbol von der Welt, in der er sich seit drei Tagen bewegt hatte, dieser Welt, in der Männer ihre Bärte, Brillen und Nasen abnahmen und sich in andere Menschen verwandelten. Das tragische Selbstvertrauen, das er empfunden hatte, als er glaubte, der Marquis sei ein Teufel, war seltsamerweise verschwunden, jetzt, da er wusste, dass der Marquis ein Freund war. Nach all diesen Verwirrungen war er fast geneigt zu fragen, was ein Freund und was ein Feind sei. Gab es etwas anderes als das, was es schien? Der Marquis hatte seine Nase abgenommen und sich als Detektiv entpuppt. Könnte er nicht genauso gut den Kopf abnehmen und sich als Kobold entpuppen? War am Ende nicht alles wie dieser verwirrende Wald, dieser Tanz aus Dunkelheit und Licht? Alles nur ein flüchtiger Blick, der flüchtige Blick immer unvorhergesehen und immer vergessen. Denn Gabriel Syme hatte im Herzen dieses sonnendurchfluteten Waldes das gefunden, was viele moderne Maler dort gefunden hatten. Er hatte das gefunden, was die modernen Menschen Impressionismus nennen, ein anderer Name für jenen letzten Skeptizismus , der gegenüber dem Universum keinen Boden finden kann.

Wie ein Mann in einem bösen Traum sich anstrengt, zu schreien und aufzuwachen, bemühte sich Syme mit plötzlicher Anstrengung, diese letzte und schlimmste seiner Fantasien abzuschütteln. Mit zwei ungeduldigen Schritten überholte er den Mann mit dem Strohhut des Marquis, den er Ratcliffe genannt hatte. Mit übertrieben lauter und fröhlicher Stimme durchbrach er die bodenlose Stille und unterhielt sich.

„Darf ich fragen“, sagte er, „wo in aller Welt wir alle hingehen?“

Die Zweifel in seiner Seele waren so ernst gewesen, dass er ganz froh war, seinen Begleiter mit sanfter, menschlicher Stimme sprechen zu hören.

Lancy zum Meer gelangen “, sagte er. „Ich denke, dass dieser Teil des Landes am wenigsten wahrscheinlich bei ihnen sein wird.“

„Was soll das alles heißen?“ rief Syme. „Sie können die reale Welt nicht auf diese Weise regieren. Sicherlich sind nicht viele Arbeiter Anarchisten, und selbst wenn sie es wären, könnten bloße Mobs moderne Armeen und Polizisten nicht besiegen.“

„Blöde Mobs!“ wiederholte sein neuer Freund mit einem verächtlichen Schnauben. „ Sie reden also über Mobs und die Arbeiterklasse, als ob sie die Frage wären. Sie haben die ewige idiotische Vorstellung, dass Anarchie, wenn sie käme, von den Armen ausgehen würde. Warum sollte es? Die Armen waren Rebellen, aber sie waren nie Anarchisten; Sie haben mehr als alle anderen ein Interesse daran, dass es eine anständige Regierung gibt. Der arme Mann hat wirklich ein Interesse am Land. Der reiche Mann hat es nicht getan; er kann mit einer Yacht nach Neuguinea fahren. Die Armen haben manchmal Einwände dagegen, schlecht regiert zu werden; Die Reichen hatten immer Einwände dagegen, überhaupt regiert zu werden. Aristokraten waren immer Anarchisten, wie man an den Kriegen der Barone sehen kann.“

„Als Vortrag über englische Geschichte für die Kleinen“, sagte Syme, „ist das alles sehr schön; aber ich habe seine Anwendung noch nicht begriffen.“

„Die Anwendung besteht darin“, sagte sein Informant, „dass die meisten rechten Männer des alten Sonntags südafrikanische und amerikanische Millionäre sind.“ Deshalb hat er alle Mitteilungen in seinen Besitz gebracht; und deshalb rennen die letzten vier Verfechter der antianarchistischen Polizei wie Kaninchen durch den Wald.“

„Millionäre kann ich verstehen“, sagte Syme nachdenklich, „sie sind fast alle verrückt.“ Aber ein paar böse alte Herren mit Hobbys zu ergattern, ist eine Sache; Eine andere Sache ist es, große christliche Nationen zu erobern. Ich würde wetten (verzeihen Sie die Anspielung), dass Sunday der Aufgabe, irgendwo einen gewöhnlichen gesunden Menschen zu bekehren, völlig hilflos gegenüberstehen würde.“

„Nun", sagte der andere, „es kommt eher darauf an, was für einen Menschen du meinst."

„Nun, zum Beispiel", sagte Syme, „konnte er diese Person niemals bekehren", und er zeigte direkt vor sich.

Sie waren an einen offenen Raum voller Sonnenlicht gelangt, der für Syme die endgültige Rückkehr seines eigenen gesunden Menschenverstandes auszudrücken schien; und mitten auf dieser Waldlichtung befand sich eine Gestalt, die in einer fast schrecklichen Realität durchaus für diesen gesunden Menschenverstand stehen könnte. Von der Sonne verbrannt und schweißbefleckt und bedrückt von der bodenlosen Schwere kleiner notwendiger Mühen spaltete ein schwerer französischer Bauer Holz mit einem Beil. Sein Karren stand ein paar Meter entfernt und war bereits zur Hälfte mit Holz gefüllt; und das Pferd, das das Gras mähte, war wie sein Herr tapfer, aber nicht verzweifelt; Wie sein Herr war er sogar wohlhabend, aber dennoch fast traurig. Der Mann war ein Normanne, größer als der Durchschnitt der Franzosen und sehr kantig; und seine dunkelhäutige Gestalt hob sich dunkel von einem Quadrat aus Sonnenlicht ab, fast wie eine allegorische Figur der Arbeit auf einem goldenen Grund.

"Herr. Syme sagt", rief Ratcliffe dem französischen Oberst zu, „dass dieser Mann zumindest niemals ein Anarchist sein wird."

"Herr. Da hat Syme recht", antwortete Oberst Ducroix lachend, „schon allein deshalb, weil er viel Eigentum zu verteidigen hat." Aber ich habe vergessen, dass Sie es in Ihrem Land nicht gewohnt sind, dass die Bauern wohlhabend sind."

„Er sieht arm aus", sagte Dr. Bull zweifelnd.

„Ganz richtig", sagte der Oberst; „Deshalb ist er reich."

„Ich habe eine Idee", rief Dr. Bull plötzlich; „Wie viel würde er kosten, um uns in seinem Wagen mitzunehmen? Diese Hunde sind alle zu Fuß unterwegs und wir könnten sie bald zurücklassen."

„Oh, gib ihm etwas!" sagte Syme eifrig. „Ich habe jede Menge Geld bei mir."

„Das geht nie", sagte der Oberst; „Er wird niemals Respekt vor dir haben, es sei denn, du machst ein Schnäppchen."

„Oh, wenn er feilscht!" begann Bull ungeduldig.

„Er feilscht, weil er ein freier Mann ist", sagte der andere. "Du verstehst nicht; er würde die Bedeutung von Großzügigkeit nicht erkennen. Er bekommt kein Trinkgeld."

Und selbst während sie die schweren Schritte ihrer seltsamen Verfolger hinter sich zu hören schienen, mussten sie stehen und stampfen, während der französische Oberst mit dem französischen Holzfäller mit all dem gemächlichen Gezänk und Gezänk eines Markttags sprach. Am Ende der vier Minuten erkannten sie jedoch, dass der Oberst Recht hatte, denn der Holzfäller beteiligte sich an ihren Plänen, nicht mit der vagen Unterwürfigkeit eines zu gut bezahlten Werbers, sondern mit der Ernsthaftigkeit eines Anwalts, der es getan hatte das entsprechende Entgelt gezahlt wurde. Er sagte ihnen, das Beste, was sie tun könnten, sei, zu dem kleinen Gasthaus auf den Hügeln oberhalb von Lancy hinunterzugehen , wo der Gastwirt, ein alter Soldat, der in seinen letzten Jahren *zum Dévot* geworden war , mit Sicherheit mit ihnen sympathisieren würde . und sogar Risiken einzugehen, um sie zu unterstützen. Deshalb stapelte sich die ganze Gesellschaft auf den Holzstapeln und schaukelte in dem groben Karren die andere, steilere Seite des Waldes hinunter. So schwer und ramponiert das Fahrzeug auch war, es wurde schnell genug gefahren, und sie hatten bald das berauschende Gefühl, diejenigen, die sie jagten, wer auch immer sie waren, völlig zu distanzieren. Denn das Rätsel, woher die Anarchisten all diese Anhänger hatten, war schließlich immer noch ungelöst. Die Anwesenheit eines einzigen Mannes hatte ihnen genügt; Sie waren beim ersten Anblick des deformierten Lächelns des Sekretärs geflohen. Hin und wieder blickte Syme über die Schulter auf die Armee zurück, die ihnen auf der Spur war.

Als der Wald mit zunehmender Entfernung zuerst dünner und dann kleiner wurde, konnte er die sonnenbeschienenen Hänge dahinter und darüber sehen; und über diese bewegte sich immer noch der quadratische schwarze Mob wie ein monströser Käfer. Im sehr starken Sonnenlicht und mit seinen eigenen sehr starken Augen, die fast teleskopisch waren, konnte Syme diese Menschenmasse ganz deutlich erkennen. Er konnte sie als separate menschliche Figuren sehen; aber er war zunehmend überrascht von der Art und Weise, wie sie sich wie ein Mann bewegten. Sie schienen dunkle Kleidung und schlichte Hüte zu tragen, wie jede gewöhnliche Menschenmenge auf der Straße; Aber sie breiteten sich nicht aus und breiteten sich nicht in verschiedenen Linien aus, um dem Angriff entgegenzulaufen, wie es bei einem gewöhnlichen Mob selbstverständlich wäre. Sie bewegten sich mit einer Art schrecklichem und bösem Holzgefühl, wie eine starrende Armee von Automaten.

Syme machte Ratcliffe darauf aufmerksam.

„Ja", antwortete der Polizist, „das ist Disziplin." Das ist Sonntag. Er ist vielleicht fünfhundert Meilen entfernt, aber die Angst vor ihm liegt auf allen wie der Finger Gottes. Ja, sie gehen regelmäßig spazieren; Und Sie können darauf wetten, dass sie regelmäßig reden, ja, und regelmäßig denken. Aber das Wichtigste für uns ist, dass sie regelmäßig verschwinden."

Syme nickte. Es stimmte, dass der schwarze Fleck der Verfolger immer kleiner wurde, während der Bauer sein Pferd schuftete .

Das Niveau der sonnenbeschienenen Landschaft war zwar insgesamt flach, fiel aber auf der anderen Seite des Waldes in starken Wellen zum Meer hin ab, in einer Weise, die den niedrigeren Hängen der Sussex Downs nicht unähnlich war. Der einzige Unterschied bestand darin, dass die Straße in Sussex gebrochen und kantig wie ein kleiner Bach gewesen wäre, aber hier fiel die weiße französische Straße steil vor ihnen ab wie ein Wasserfall. Auf diesem direkten Abstieg klapperte der Karren in einem beträchtlichen Winkel, und nach wenigen Minuten, als die Straße immer steiler wurde, sahen sie unter sich den kleinen Hafen von Lancy und einen großen blauen Bogen des Meeres. Die ziehende Wolke ihrer Feinde war völlig vom Horizont verschwunden.

Das Pferd und der Wagen machten eine scharfe Kurve um ein Ulmenbüschel herum, und die Nase des Pferdes traf beinahe das Gesicht eines alten Herrn, der auf den Bänken vor dem kleinen Café „Le Soleil d'Or" saß. Der Bauer grunzte entschuldigend und stand von seinem Platz auf. Auch die anderen kamen einer nach dem anderen herab und sprachen mit bruchstückhaften Höflichkeitsfloskeln auf den alten Herrn ein, denn an seiner ausdrucksvollen Art war deutlich zu erkennen, dass er der Besitzer der kleinen Taverne war.

Er war ein weißhaariger alter Junge mit Apfelgesicht, schläfrigen Augen und einem grauen Schnurrbart; kräftig, sesshaft und sehr unschuldig, ein Typus, der in Frankreich oft anzutreffen ist, im katholischen Deutschland aber immer noch häufiger anzutreffen ist. Alles an ihm, seine Pfeife, sein Krug Bier, seine Blumen und sein Bienenstock, ließen auf den Frieden der Vorfahren schließen; Erst als seine Besucher beim Betreten der Gaststube aufsahen , sahen sie das Schwert an der Wand.

Der Oberst, der den Wirt wie einen alten Freund begrüßte, ging schnell in die Gaststube , setzte sich und bestellte eine rituelle Erfrischung. Die militärische Entscheidung seines Vorgehens interessierte Syme, der neben ihm saß, und er nutzte die Gelegenheit, als der alte Wirt seine Neugier nicht mehr befriedigen konnte.

„Darf ich Sie fragen, Colonel", sagte er mit leiser Stimme, „warum wir hierher gekommen sind?"

Oberst Ducroix lächelte hinter seinem borstigen weißen Schnurrbart.

„Aus zwei Gründen, Sir", sagte er; „Und ich werde zuerst nicht das Wichtigste, sondern das Nützlichste nennen. Wir sind hierher gekommen, weil dies der einzige Ort im Umkreis von zwanzig Meilen ist, wo wir Pferde bekommen können."

„Pferde!" wiederholte Syme und blickte schnell auf.

„Ja", antwortete der andere; „Wenn ihr eure Feinde wirklich distanzieren wollt, kommt es auf Pferde oder nichts an, es sei denn natürlich, ihr habt Fahrräder und Autos in der Tasche."

„Und wohin raten Sie uns zu gehen?" fragte Syme zweifelnd.

„Keine Frage", antwortete der Colonel, „sollten Sie besser schnell zur Polizeistation außerhalb der Stadt gehen." Mein Freund, den ich unter etwas trügerischen Umständen unterstützt habe, scheint mir die Möglichkeiten eines allgemeinen Aufstands stark zu übertreiben; Aber selbst er würde vermutlich kaum behaupten, dass Sie bei den Gendarmen nicht in Sicherheit waren.

Syme nickte ernst; dann sagte er plötzlich:

„Und Ihr anderer Grund, hierher zu kommen?"

„Mein anderer Grund, warum ich hierher gekommen bin", sagte Ducroix nüchtern, „ist, dass es genauso gut ist, ein oder zwei gute Männer zu sehen, wenn einer möglicherweise dem Tode nahe ist."

Syme blickte zur Wand und sah ein grob gemaltes und erbärmliches religiöses Bild. Dann sagte er-

„Da hast du recht", und dann fast unmittelbar danach: „Hat jemand etwas über die Pferde gesehen?"

„Ja", antwortete Ducroix , „Sie können ganz sicher sein, dass ich in dem Moment, als ich hereinkam, Befehle gegeben habe. Ihre Feinde machten keinen Eindruck von Eile, aber sie bewegten sich wirklich wunderbar schnell, wie eine gut ausgebildete Armee." Ich hatte keine Ahnung, dass die Anarchisten so viel Disziplin hatten. Sie haben keinen Moment zu verlieren."

Fast noch während er sprach, kam der alte Wirt mit den blauen Augen und dem weißen Haar ins Zimmer geschlendert und verkündete, dass draußen sechs Pferde gesattelt seien.

Auf Ducroix' Rat hin rüsteten sich die fünf anderen mit irgendeiner tragbaren Form von Essen und Wein aus und behielten ihre Duellschwerter als einzige verfügbare Waffe, während sie ratterten die steile, weiße Straße hinunter. Die beiden Diener, die als Marquis das Gepäck des Marquis getragen hatten, wurden im gegenseitigen Einvernehmen und keineswegs gegen ihre eigene Neigung zum Trinken im Café zurückgelassen.

Mittlerweile neigte sich die Nachmittagssonne schräg nach Westen, und in ihren Strahlen konnte Syme die kräftige Gestalt des alten Wirts sehen, der immer kleiner wurde, aber immer noch dastand und ihnen ganz schweigend nachsah, den Sonnenschein in seinem silbernen Haar. Syme hatte eine feste, abergläubische Vorstellung, die ihm durch die zufällige Phrase des Colonels eingeprägt wurde, dass dies vielleicht tatsächlich der letzte ehrliche Fremde sei, den er jemals auf der Erde sehen würde.

Er blickte immer noch auf diese schwindende Gestalt, die nur noch als grauer Fleck mit einer weißen Flamme auf der großen grünen Wand des steilen Abhangs hinter ihm stand. Und als er über die Daunendecke hinter den Wirt blickte, erschien eine Armee schwarz gekleideter und marschierender Männer. Sie schienen über dem guten Mann und seinem Haus zu hängen wie eine schwarze Heuschreckenwolke. Die Pferde waren nicht zu früh gesattelt worden.

KAPITEL XII.
DIE ERDE IN ANARCHIE

Indem sie die Pferde zum Galopp anspornten, ohne Rücksicht auf das ziemlich holprige Gefälle der Straße, gewannen die Reiter bald ihren Vorteil gegenüber den Männern auf dem Marsch zurück, und schließlich versperrte der Großteil der ersten Gebäude von Lancy ihren Verfolgern die Sicht. Dennoch war die Fahrt lang gewesen, und als sie die eigentliche Stadt erreichten, erwärmte sich der Westen mit der Farbe und Qualität des Sonnenuntergangs. Der Colonel schlug vor, dass sie, bevor sie sich endgültig zur Polizeistation begaben, sich nebenbei die Mühe machen sollten, eine weitere Person an sich zu binden, die nützlich sein könnte.

„Vier der fünf reichen Männer in dieser Stadt", sagte er, „sind gewöhnliche Betrüger. Ich gehe davon aus, dass der Anteil auf der ganzen Welt ziemlich gleich ist. Der fünfte ist ein Freund von mir und ein sehr guter Kerl; und was aus unserer Sicht noch wichtiger ist, er besitzt ein Auto."

„Ich fürchte", sagte der Professor in seiner fröhlichen Art und blickte zurück auf die weiße Straße, auf der jeden Moment der schwarze, kriechende Fleck auftauchen könnte, „ich fürchte, wir haben kaum Zeit für Nachmittagsbesuche."

„Das Haus von Doktor Renard ist nur drei Minuten entfernt", sagte der Colonel.

„Unsere Gefahr", sagte Dr. Bull, „liegt nicht in zwei Minuten."

schnell weiterreiten, müssen wir sie zurücklassen, denn sie sind zu Fuß."

„Er hat ein Auto", sagte der Oberst.

„Aber wir bekommen es vielleicht nicht hin", sagte Bull.

„Ja, er ist ganz auf deiner Seite."

„Aber er könnte draußen sein."

„Halten Sie den Mund", sagte Syme plötzlich. "Was ist das für ein Lärm?"

Für eine Sekunde saßen sie alle so still wie Reiterstatuen, und für eine Sekunde – für zwei, drei oder vier Sekunden – schienen Himmel und Erde gleichermaßen still zu sein. Dann hörten alle ihre Ohren in qualvoller Aufmerksamkeit auf der Straße dieses unbeschreibliche Zittern und Pochen, das nur eines bedeutet – Pferde!

Das Gesicht des Colonels veränderte sich augenblicklich, als wäre es vom Blitz getroffen und dennoch unversehrt geblieben.

„Sie haben uns erledigt", sagte er mit einer kurzen militärischen Ironie. „Bereiten Sie sich auf den Empfang der Kavallerie vor!"

„Wo haben sie die Pferde her?" fragte Syme, als er sein Ross mechanisch zum Galopp trieb.

Der Colonel schwieg eine Weile, dann sagte er mit angespannter Stimme:

„Ich habe ganz genau gesagt, dass das ‚Soleil d'Or' der einzige Ort ist, an dem man im Umkreis von zwanzig Meilen Pferde bekommen kann."

"NEIN!" sagte Syme heftig: „Ich glaube nicht, dass er es tun würde. Nicht mit all den weißen Haaren."

„Vielleicht wurde er gezwungen", sagte der Colonel sanft. „Sie müssen mindestens hundert Mann stark sein, deshalb werden wir alle meinen Freund Renard sehen, der ein Auto hat."

Mit diesen Worten schwenkte er sein Pferd plötzlich um eine Straßenecke und raste mit solch donnernder Geschwindigkeit die Straße hinunter, dass die anderen, obwohl sie schon gut im Galopp waren, Schwierigkeiten hatten, dem fliegenden Schweif seines Pferdes zu folgen.

Dr. Renard bewohnte ein hohes und komfortables Haus am Ende einer steilen Straße, sodass die Reiter, als sie vor seiner Tür ausstiegen, noch einmal den festen grünen Hügelrücken sehen konnten, über dem sich die weiße Straße darüber erhob die Dächer der Stadt. Sie atmeten erneut durch, um zu sehen, dass die Straße noch frei war, und klingelten.

Dr. Renard war ein strahlender, braunbärtiger Mann, ein gutes Beispiel für jene stille, aber sehr geschäftige Berufsklasse, die Frankreich noch perfekter bewahrt hat als England. Als ihm die Angelegenheit erklärt wurde, unterdrückte er die Panik des Ex-Marquis gänzlich; Er sagte mit dem soliden französischen Skeptizismus , dass es keine denkbare Wahrscheinlichkeit für einen allgemeinen anarchistischen Aufstand gebe. „Anarchie", sagte er achselzuckend, „das ist kindisch!"

„ *Et ça* ", rief der Oberst plötzlich und zeigte über die Schulter des anderen, „und das ist doch kindisch, nicht wahr?"

Sie blickten sich alle um und sahen eine Reihe schwarzer Kavallerie mit der ganzen Energie von Attila über die Spitze des Hügels rasen. Doch während sie schnell ritten, hielt die ganze Truppe immer noch gut zusammen, und sie konnten die schwarzen Vizards der ersten Reihe so eben wie eine Reihe von Uniformen sehen. Aber obwohl das schwarze Hauptquadrat dasselbe war, obwohl es sich schneller bewegte, gab es jetzt einen sensationellen Unterschied, den sie am Hang des Hügels deutlich erkennen konnten, als ob auf einer schrägen Karte. Der Großteil der Fahrer befand sich in einem Block; aber ein Reiter flog der Kolonne weit voraus und trieb sein Pferd mit hektischen Hand- und Fersenbewegungen immer schneller an, so dass man meinen konnte, er sei nicht der Verfolger, sondern der Verfolgte. Aber selbst aus dieser großen Entfernung konnten sie etwas so Fanatisches und Unbestreitbares in seiner Gestalt erkennen, dass sie wussten, dass es der Sekretär selbst war. „Es tut mir leid, eine kultivierte Diskussion abbrechen zu müssen ", sagte der Colonel, „aber können Sie mir jetzt in zwei Minuten Ihr Auto leihen?"

„Ich habe den Verdacht, dass Sie alle verrückt sind", sagte Dr. Renard und lächelte gesellig; „Aber Gott bewahre, dass Wahnsinn die Freundschaft in irgendeiner Weise unterbrechen sollte. Lass uns zur Garage gehen."

Dr. Renard war ein sanfter Mann mit ungeheurem Reichtum; seine Räume glichen dem Musée de Cluny, und er besaß drei Autos. Da er jedoch dem einfachen Geschmack der französischen Mittelschicht entsprach, schien er davon sehr sparsam Gebrauch zu machen, und als seine ungeduldigen Freunde kamen, um sie zu begutachten, brauchten sie einige Zeit, um sich zu vergewissern, dass eines davon überhaupt funktionieren könnte. Mit einiger Mühe brachten sie dies auf die Straße vor dem Haus des Doktors. Als sie aus der düsteren Garage kamen , stellten sie zu ihrem Erstaunen fest, dass die Dämmerung bereits hereingebrochen war, so plötzlich wie die Nacht in den Tropen. Entweder waren sie länger an Ort und Stelle geblieben, als sie gedacht hatten, oder über der Stadt hatte sich eine ungewöhnliche Wolkendecke gebildet. Sie blickten die steilen Straßen hinunter und schienen einen leichten Nebel zu sehen, der vom Meer aufstieg.

„Jetzt oder nie", sagte Dr. Bull. „Ich höre Pferde."

„Nein", korrigierte der Professor, „ein Pferd."

Und als sie zuhörten, wurde es offensichtlich, dass der Lärm, der auf den klappernden Steinen schnell näher kam, nicht der Lärm der gesamten Kavalkade war, sondern der eines Reiters, der ihn weit hinter sich gelassen hatte – des verrückten Sekretärs.

Symes Familie hatte, wie die meisten Menschen, die ein einfaches Leben führen, einst einen Motor besessen, und er wusste alles über sie. Er war sofort auf den Chauffeurssitz gesprungen und zerrte und zerrte mit gerötetem Gesicht an der stillgelegten Maschine. Er konzentrierte seine Kraft auf einen Griff und sagte dann ganz leise:

„Ich fürchte, das geht nicht."

Während er sprach, sauste ein Mann um die Ecke, steif auf seinem Pferd, mit der Schnelligkeit und Steifheit eines Pfeils. Sein Lächeln streckte sein Kinn hervor, als wäre es ausgerenkt. Er schritt neben dem stehenden Wagen her, in den sich seine Begleitung gedrängt hatte, und legte seine Hand auf die Vorderseite. Es war der Sekretär, und sein Mund verzog sich in der Feierlichkeit des Triumphs ganz gerade.

Syme stützte sich fest auf das Lenkrad, und außer dem Grollen der anderen Verfolger, die in die Stadt fuhren, war nichts zu hören. Dann ertönte ganz plötzlich ein Geräusch von kratzendem Eisen, und das Auto sprang vorwärts. Es riss den Sekretär aus dem Sattel, als würde man ein Messer aus der Scheide ziehen, zog ihn zwanzig Meter weit hinter sich her und ließ ihn flach auf der Straße liegen, weit vor seinem verängstigten Pferd. Als das Auto mit einer herrlichen Kurve um die Straßenecke bog , konnten sie gerade noch sehen, wie die anderen Anarchisten die Straße füllten und ihren gefallenen Anführer aufrichteten.

„Ich kann nicht verstehen, warum es so dunkel geworden ist", sagte der Professor schließlich mit leiser Stimme.

„Ich denke, es wird ein Sturm", sagte Dr. Bull. „Ich sage, es ist schade, dass wir an diesem Auto kein Licht haben, und sei es nur, um vorbeizuschauen."

„Das haben wir", sagte der Colonel und holte vom Boden des Wagens eine schwere, altmodische, geschnitzte Eisenlaterne mit einem Licht darin hervor. Offensichtlich handelte es sich um eine Antiquität, und es schien, als ob ihr ursprünglicher Zweck irgendwie halbreligiös gewesen wäre, denn auf einer ihrer Seiten war grob ein Kreuz eingraviert .

„Wo zum Teufel hast du das her?" fragte der Professor.

„Ich habe es dort bekommen, wo ich das Auto bekommen habe", antwortete der Colonel lachend, „von meinem besten Freund. Während unser Freund hier mit dem Lenkrad kämpfte, rannte ich die Vordertreppe des Hauses hinauf und sprach mit Renard, der auf seiner eigenen Veranda stand, Sie werden sich erinnern. „Ich nehme an", sagte ich, „wir haben keine Zeit, eine Lampe zu besorgen." Er schaute auf und blinzelte freundlich zur wunderschönen gewölbten Decke seiner eigenen Eingangshalle. Daran hing an Ketten aus erlesener Eisenarbeit diese Laterne, einer der hundert Schätze seines Schatzhauses. Mit bloßer Gewalt riss er die Lampe aus seiner eigenen Decke, zerschmetterte die bemalten Tafeln und ließ mit seiner Gewalt zwei blaue Vasen zu Boden fallen. Dann reichte er mir die Eisenlaterne und ich legte sie ins Auto. Hatte ich nicht recht, als ich sagte, Dr. Renard sei es wert, kennengelernt zu werden?"

„Das warst du", sagte Syme ernst und hängte die schwere Laterne über die Vorderseite. Im Kontrast zwischen dem modernen Automobil und seiner seltsamen Kirchenlampe lag eine gewisse Allegorie ihrer gesamten Position. Bisher waren sie durch den ruhigsten Teil der Stadt gegangen und hatten höchstens ein oder zwei Fußgänger getroffen, die ihnen keinen Hinweis auf den Frieden oder die Feindseligkeit des Ortes geben konnten. Jetzt jedoch begannen die Fenster in den Häusern nach und nach beleuchtet zu werden, was ein größeres Gefühl von Wohnlichkeit und Menschlichkeit vermittelte. Dr. Bull wandte sich an den neuen Detective, der ihre Flucht angeführt hatte, und gestattete sich ein natürliches und freundliches Lächeln.

„Diese Lichter machen fröhlicher."

Inspektor Ratcliffe zog die Brauen zusammen.

„Es gibt nur eine Lichterkette, die mich fröhlicher macht", sagte er, „und es sind die Lichter der Polizeistation, die ich über die Stadt hinaus sehen kann." Bitte Gott, wir können in zehn Minuten da sein."

Dann brach Bulls brodelnder gesunder Menschenverstand und Optimismus plötzlich aus ihm heraus.

„Oh, das ist doch alles totaler Blödsinn!" er weinte. „Wenn Sie wirklich glauben, dass gewöhnliche Menschen in gewöhnlichen Häusern Anarchisten sind, müssen Sie verrückter sein als selbst ein Anarchist. Wenn wir uns umdrehen und gegen diese Kerle kämpfen würden, würde die ganze Stadt für uns kämpfen."

„Nein", sagte der andere mit unerschütterlicher Einfachheit, „die ganze Stadt würde für sie kämpfen." Wir werden sehen."

Während sie sprachen, hatte sich der Professor plötzlich aufgeregt vorgebeugt.

"Was ist das für ein Lärm?" er sagte.

„Oh, die Pferde hinter uns, nehme ich an", sagte der Colonel. „Ich dachte, wir wären ihnen entkommen."

„Die Pferde hinter uns! Nein", sagte der Professor, „es sind keine Pferde, und es ist nicht hinter uns."

Fast während er sprach, schossen am Ende der Straße vor ihnen zwei leuchtende und rasselnde Gestalten vorbei. Sie waren fast blitzschnell verschwunden, aber jeder konnte sehen, dass es Autos waren, und der Professor stand mit blassem Gesicht auf und schwor, dass es die anderen beiden Autos aus Dr. Renards Garage waren.

„Ich sage dir, sie gehörten ihm", wiederholte er mit wildem Blick, „und sie waren voller Männer in Masken!"

"Absurd!" sagte der Colonel wütend. "DR. Renard würde ihnen niemals seine Autos geben."

„Vielleicht wurde er gezwungen", sagte Ratcliffe leise. „Die ganze Stadt ist auf ihrer Seite."

„Das glauben Sie immer noch", fragte der Colonel ungläubig.

„Ihr werdet es alle bald glauben", sagte der andere mit hoffnungsloser Ruhe.

Eine Weile herrschte eine verwirrte Pause, dann begann der Colonel abrupt erneut:

„Nein, ich kann es nicht glauben. Die Sache ist Unsinn. Die einfachen Leute einer friedlichen französischen Stadt –"

Er wurde von einem Knall und einem Lichtblitz unterbrochen, der nahe an seinen Augen zu sein schien. Als das Auto dahinraste, hinterließ es eine schwebende weiße Rauchwolke, und Syme hatte einen Schuss an seinem Ohr vorbei hören hören.

"Mein Gott!" sagte der Oberst, „jemand hat auf uns geschossen."

„Es muss das Gespräch nicht unterbrechen", sagte der düstere Ratcliffe. „Bitte nehmen Sie Ihre Bemerkungen wieder auf, Colonel. Ich glaube, Sie haben von den einfachen Leuten einer friedlichen französischen Stadt gesprochen."

Der starrende Colonel hatte schon lange keine Lust mehr auf Satire. Er rollte mit den Augen über die ganze Straße.

„Es ist außergewöhnlich", sagte er, „ganz außergewöhnlich."

„Ein anspruchsvoller Mensch", sagte Syme, „könnte es sogar als unangenehm bezeichnen." Allerdings vermute ich, dass die Lichter draußen auf dem Feld hinter dieser Straße die Gendarmerie sind. Wir werden bald dort ankommen."

„Nein", sagte Inspektor Ratcliffe, „wir werden nie dorthin gelangen."

Er war aufgestanden und hatte scharf nach vorn geschaut. Jetzt setzte er sich hin und strich sich mit einer müden Geste sein glattes Haar glatt.

"Wie meinst du das?" fragte Bull scharf.

„Ich meine, dass wir nie dorthin gelangen werden", sagte der Pessimist gelassen. „Sie haben bereits zwei Reihen bewaffneter Männer auf der anderen Straßenseite; Ich kann sie von hier aus sehen. Die Stadt ist in Waffen, wie ich schon sagte. Ich kann mich nur in der wunderbaren Beruhigung meiner eigenen Genauigkeit ergehen lassen."

Und Ratcliffe setzte sich bequem ins Auto und zündete sich eine Zigarette an, aber die anderen standen aufgeregt auf und starrten auf die Straße. Syme hatte das Auto verlangsamt, als ihre Pläne zweifelhaft wurden, und er brachte es schließlich an der Ecke einer Seitenstraße zum Stehen, die sehr steil zum Meer hinabführte.

Die Stadt lag größtenteils im Schatten, aber die Sonne war noch nicht untergegangen; Wo auch immer sein flaches Licht durchdringen konnte, malte es alles in brennendes Gold. Diese Seitenstraße hinauf schien das letzte Abendlicht so scharf und schmal wie der künstliche Lichtstrahl im Theater. Es traf das Auto der fünf Freunde und entzündete es wie einen brennenden Streitwagen. Aber der Rest der Straße, besonders die beiden Enden, lag in tiefster Dämmerung, und einige Sekunden lang konnten sie nichts sehen. Dann brach Syme, dessen Augen am schärfsten waren, in einen leisen, bitteren Pfiff aus und sagte:

„Es ist völlig wahr. Am Ende dieser Straße ist eine Menschenmenge oder eine Armee oder so etwas in der Art."

„Nun, wenn ja", sagte Bull ungeduldig, „muss es etwas anderes sein – eine Scheinschlägerei oder der Geburtstag des Bürgermeisters oder so etwas." Ich kann und will nicht glauben, dass einfache, fröhliche Menschen an einem Ort wie diesem mit Dynamit in der Tasche herumlaufen. Komm ein bisschen, Syme, und lass uns sie uns ansehen."

Das Auto kroch etwa hundert Meter weiter, und dann wurden sie alle aufgeschreckt, als Dr. Bull in lautes Gelächter ausbrach.

„Warum, ihr dummen Kerle!" Er weinte: „Was habe ich dir gesagt? Diese Menge ist gesetzestreu wie eine Kuh, und wenn nicht, dann ist sie auf unserer Seite."

"Woher weißt du das?" fragte der Professor und starrte ihn an.

„Du blinder Schläger", schrie Bull, „siehst du nicht, wer sie anführt?"

Sie spähten noch einmal, und dann schrie der Colonel mit zitternder Stimme:

„Warum, es ist Renard!"

Tatsächlich rannte eine Reihe verschwommener Gestalten über die Straße, die man nicht deutlich erkennen konnte; aber weit genug vorne, um den Zufall des Abendlichts einzufangen, stolzierte der unverwechselbare Dr. Renard auf und ab, mit einem weißen Hut, seinen langen braunen Bart streichelnd und einen Revolver in der linken Hand haltend.

„Was für ein Narr ich war!" rief der Oberst aus. „Natürlich ist der liebe alte Junge gekommen, um uns zu helfen."

Dr. Bull brach vor Lachen über und schwang das Schwert in seiner Hand so nachlässig wie einen Stock. Er sprang aus dem Auto, rannte durch den Zwischenraum und rief:

"DR. Renard! Dr. Renard!"

Einen Augenblick später dachte Syme, seine eigenen Augen seien in seinem Kopf verrückt geworden. Denn der menschenfreundliche Dr. Renard hatte absichtlich seinen Revolver erhoben und zweimal auf Bull geschossen, sodass die Schüsse die Straße entlang hallten.

Fast in derselben Sekunde, in der die weiße Wolkenwolke von dieser schrecklichen Explosion aufstieg, stieg auch eine lange weiße Wolkenwolke von der Zigarette des zynischen Ratcliffe auf. Wie alle anderen wurde er etwas blass, lächelte aber. Dr. Bull, auf den die Kugeln abgefeuert worden waren, verfehlte knapp seine Kopfhaut, stand ganz still mitten auf der Straße und zeigte keine Anzeichen von Angst, dann drehte er sich ganz langsam um, kroch zurück zum Auto und stieg mit zwei Löchern hinein durch seinen Hut.

„Na ja", sagte der Zigarettenraucher langsam, „was denkst du jetzt?"

„Ich glaube", sagte Dr. Bull präzise, „dass ich in Peabody Buildings Nr. 217 im Bett liege und bald mit einem Sprung aufwachen werde; oder, wenn das nicht der Fall ist, denke ich, dass ich in einer kleinen gepolsterten Zelle in Hanwell sitze und dass der Arzt nicht viel aus meinem Fall herausholen kann. Aber wenn Sie wissen wollen, was ich nicht denke, sage ich es Ihnen. Ich denke nicht, was du denkst. Ich glaube nicht, und ich werde auch nie glauben, dass die Masse der einfachen Leute ein Haufen schmutziger moderner Denker ist. Nein, Sir, ich bin ein Demokrat, und ich glaube immer noch nicht, dass Sunday einen durchschnittlichen Marinesoldaten oder Gegenspringer bekehren könnte. Nein, ich bin vielleicht verrückt, aber die Menschheit ist es nicht."

Syme richtete seine strahlend blauen Augen mit einer Ernsthaftigkeit auf Bull, die er normalerweise nicht deutlich zum Ausdruck brachte.

„Du bist ein sehr guter Kerl", sagte er. „Sie können an eine geistige Gesundheit glauben, die nicht nur Ihre geistige Gesundheit ist. Und Sie haben völlig recht, was die Menschlichkeit betrifft, was die Bauern und Leute wie diesen lustigen alten Gastwirt betrifft. Aber mit Renard hast du nicht recht. Ich habe ihn von Anfang an verdächtigt. Er ist rationalistisch und, was noch schlimmer ist, er ist reich. Wenn Pflicht und Religion wirklich zerstört werden, werden es die Reichen sein."

„Sie sind jetzt wirklich zerstört", sagte der Mann mit einer Zigarette und erhob sich, die Hände in den Taschen. „Die Teufel kommen!"

Die Männer im Auto schauten ängstlich in die Richtung seines verträumten Blicks und sahen, dass das ganze Regiment am Ende der Straße auf sie zukam, Dr. Renard marschierte wütend voran, sein Bart wehte im Wind.

Mit einem intoleranten Ausruf sprang der Colonel aus dem Auto.

„Meine Herren", rief er, „die Sache ist unglaublich." Es muss ein Scherz sein. Wenn Sie Renard so kennen würden wie ich – das ist, als würde man Königin Victoria eine Dynamiterin nennen. Wenn Sie den Charakter des Mannes im Kopf gehabt hätten …"

"DR. „Bull", sagte Syme sardonisch, „hat es zumindest in den Griff bekommen."

„Ich sage dir, das kann nicht sein!" rief der Colonel und stampfte auf.

„Renard wird es erklären. Er wird es mir erklären", und er schritt vorwärts.

„Seien Sie nicht so eilig", sagte der Raucher gedehnt. „Er wird es uns allen sehr bald erklären."

Doch der ungeduldige Oberst war bereits außer Hörweite und näherte sich dem vorrückenden Feind. Der aufgeregte Dr. Renard hob seine Pistole erneut, doch als er seinen Gegner bemerkte, zögerte er, und der Oberst stand ihm mit hektischen Gesten des Protests gegenüber.

„Es ist nicht gut", sagte Syme. „Er wird aus diesem alten Heiden nie etwas herausbekommen. Ich bin dafür, dass wir mitten durch das Getümmel fahren, so wie die Kugeln Bulls Hut durchschlugen. Wir werden vielleicht alle getötet, aber wir müssen eine beträchtliche Anzahl von ihnen töten."

„Ich werde es nicht lassen ", sagte Dr. Bull und wurde in der Aufrichtigkeit seiner Tugend immer vulgärer. „Die armen Kerle machen vielleicht einen Fehler. Geben Sie dem Colonel eine Chance."

„Sollen wir dann zurückgehen?" fragte der Professor.

„Nein", sagte Ratcliffe mit kalter Stimme, „die Straße hinter uns ist ebenfalls besetzt." Tatsächlich scheine ich dort einen weiteren Freund von Ihnen zu sehen, Syme."

Syme drehte sich geschickt um und blickte zurück auf die Strecke, die sie zurückgelegt hatten. Er sah, wie sich in der Dunkelheit eine unregelmäßige Gruppe Reiter versammelte und auf sie zugaloppierte. Er sah über dem vordersten Sattel den silbernen Schimmer eines Schwertes und dann, als er näher kam, den silbernen Schimmer der Haare eines alten Mannes. Im nächsten Moment hatte er mit erschütternder Gewalt den Motor umgedreht und ihn die steile Seitenstraße hinunter zum Meer jagen lassen, wie ein Mann, der nur sterben wollte.

„Was zum Teufel ist los?" rief der Professor und ergriff seinen Arm.

„Der Morgenstern ist gefallen!" sagte Syme, als sein eigenes Auto wie eine Sternschnuppe durch die Dunkelheit verschwand.

Die anderen verstanden seine Worte nicht, aber als sie zurück auf die Straße blickten, sahen sie, wie die feindliche Kavallerie um die Ecke bog und die Hänge hinter ihnen herabstieg; und vor allem ritt der gute Wirt, errötet von der feurigen Unschuld des Abendlichts.

„Die Welt ist verrückt!" sagte der Professor und vergrub sein Gesicht in seinen Händen.

„Nein", sagte Dr. Bull in unerschütterlicher Demut, „ich bin es."

"Was werden wir machen?" fragte der Professor.

„In diesem Moment", sagte Syme mit wissenschaftlicher Distanz, „glaube ich, dass wir gegen einen Laternenpfahl prallen werden."

Im nächsten Moment wurde das Auto heftig gegen einen Eisengegenstand geprallt. Im selben Augenblick waren vier Männer aus einem Chaos aus Metall hervorgekrochen, und ein hoher, schlanker Laternenpfahl, der gerade am Rande der Marineparade gestanden hatte, ragte gebogen und verdreht wie der Ast eines gebrochenen Baumes hervor.

„Nun, wir haben etwas kaputt gemacht", sagte der Professor mit einem schwachen Lächeln. „Das ist ein Trost."

„Du wirst ein Anarchist", sagte Syme und staubte seine Kleidung mit seinem Instinkt der Anmut ab.

„Jeder ist es", sagte Ratcliffe.

Während sie sprachen, donnerten der weißhaarige Reiter und seine Gefolgsleute von oben herbei, und fast im selben Moment rannte eine dunkle Reihe schreiender Männer die Küste entlang. Syme schnappte sich ein Schwert und steckte es in die Zähne; Er steckte zwei weitere unter seine Achselhöhlen, nahm eine vierte in die linke Hand und die Laterne in die rechte und sprang von der hohen Parade auf den darunter liegenden Strand.

Die anderen sprangen hinter ihm her und waren sich einig, dass er solch eine entschlossene Aktion akzeptierte, und ließen die Trümmer und die sich sammelnde Menge über sich zurück.

„Wir haben noch eine Chance", sagte Syme und nahm den Stahl aus seinem Mund. „Was auch immer dieses Chaos bedeutet, ich denke, die

Polizei wird uns helfen. Wir können nicht dorthin gelangen, denn sie halten uns den Weg. Aber genau hier mündet ein Pier oder Wellenbrecher ins Meer, den wir länger als alles andere verteidigen könnten, so wie Horatius und seine Brücke. Wir müssen es verteidigen, bis die Gendarmerie zurückkommt. Verfolgen Sie mich."

Sie folgten ihm, als er knirschend den Strand hinunterlief, und nach ein oder zwei Sekunden zerbrachen ihre Stiefel nicht auf dem Meereskies, sondern auf breiten, flachen Steinen. Sie marschierten einen langen, niedrigen Steg hinunter und rannten mit einem Arm in das trübe, kochende Meer, und als sie am Ende ankamen, hatten sie das Gefühl, am Ende ihrer Geschichte angelangt zu sein. Sie drehten sich um und blickten auf die Stadt.

Diese Stadt wurde von Aufruhr verklärt. Entlang der hohen Parade, von der sie gerade herabgestiegen waren, war ein dunkler und tosender Strom von Menschen mit wirbelnden Armen und feurigen Gesichtern unterwegs, tastete und starrte auf sie zu. Die lange dunkle Linie war mit Fackeln und Laternen übersät; Aber selbst dort, wo keine Flamme ein wütendes Gesicht erhellte, konnten sie in der entferntesten Gestalt, in der schattenhaftesten Geste einen organisierten Hass erkennen. Es war klar, dass sie die Verfluchten aller Menschen waren, und sie wussten nicht warum.

Zwei oder drei Männer, die klein und schwarz aussahen wie Affen, sprangen wie zuvor über die Kante und ließen sich auf den Strand fallen. Sie pflügten den tiefen Sand hinunter, brüllten fürchterlich und versuchten, aufs Geratewohl ins Meer zu waten. Dem Beispiel folgte man, und die ganze schwarze Masse der Männer begann zu rennen und über den Rand zu tropfen wie schwarzer Melassesirup.

Als erster unter den Männern am Strand sah Syme den Bauern, der seinen Karren gelenkt hatte. Er sprang auf einem riesigen Karrenpferd in die Brandung und schüttelte seine Axt nach ihnen.

"Der Bauer!" rief Syme. „Sie sind seit dem Mittelalter nicht mehr auferstanden."

„Selbst wenn die Polizei jetzt kommt", sagte der Professor traurig, „können sie mit diesem Mob nichts anfangen."

"Unsinn!" sagte Bull verzweifelt; „Es muss noch ein paar Menschen in der Stadt geben, die Menschen sind."

„Nein", sagte der hoffnungslose Kommissar, „der Mensch wird bald ausgestorben sein." Wir sind die letzten der Menschheit."

„Vielleicht", sagte der Professor abwesend. Dann fügte er mit seiner verträumten Stimme hinzu: „Was ist das alles am Ende der ‚Dunciad'?"

„Noch öffentliche Flamme; noch privat, wagt es zu glänzen;
Kein menschliches Licht ist mehr übrig, noch ein Blick auf das Göttliche!
Siehe! Dein schreckliches Imperium, das Chaos, ist wiederhergestellt. Das
Licht stirbt vor deinem unerschaffenen Wort. Deine Hand, großer Anarch,
lässt den Vorhang fallen. Und die universelle Dunkelheit begräbt alles.'"

"Stoppen!" rief Bull plötzlich, „die Gendarmen sind draußen."

Die schwachen Lichter der Polizeistation waren tatsächlich von eiligen
Gestalten verdunkelt und durchbrochen, und durch die Dunkelheit hörten
sie das Klirren und Klirren einer disziplinierten Kavallerie.

„Sie greifen den Mob an!" rief Bull in Ekstase oder Angst.

„Nein", sagte Syme, „sie werden entlang der Parade aufgestellt."

„Sie haben ihre Karabiner abgenommen", rief Bull und tanzte vor
Aufregung.

„Ja", sagte Ratcliffe, „und sie werden auf uns schießen."

Während er sprach, ertönte ein langes Knistern der Musketen, und die
Kugeln schienen wie Hagelkörner auf die Steine vor ihnen zu prasseln.

„Die Gendarmen haben sich ihnen angeschlossen!" rief der Professor und
schlug sich an die Stirn.

„Ich bin in der Gummizelle", sagte Bull bestimmt.

Es herrschte langes Schweigen, und dann sagte Ratcliffe, während er auf
das geschwollene Meer blickte, das ganz in einer Art grau-violettem Ton
gehalten war:

„Was spielt es für eine Rolle, wer verrückt oder wer vernünftig ist? Wir
werden alle bald tot sein."

Syme drehte sich zu ihm um und sagte:

„Du bist also ziemlich hoffnungslos?"

Mr. Ratcliffe schwieg eiskalt; dann sagte er endlich leise:

"NEIN; Seltsamerweise bin ich nicht ganz hoffnungslos. Es gibt eine
wahnsinnige kleine Hoffnung, die mir nicht aus dem Kopf geht. Die Macht
dieses ganzen Planeten ist gegen uns, und doch frage ich mich, ob diese eine
dumme kleine Hoffnung schon hoffnungslos ist."

„Auf was oder wen hoffen Sie?" fragte Syme neugierig.

„Bei einem Mann, den ich nie gesehen habe", sagte der andere und blickte
auf das bleierne Meer.

„Ich weiß, was Sie meinen“, sagte Syme mit leiser Stimme, „der Mann im dunklen Raum.“ Aber Sunday muss ihn inzwischen getötet haben.“

„Vielleicht“, sagte der andere ruhig; „Aber wenn ja, war er der einzige Mann, den Sunday nur schwer töten konnte.“

„Ich habe gehört, was Sie gesagt haben“, sagte der Professor und drehte ihm den Rücken zu. „Ich halte auch fest an dem fest, was ich nie gesehen habe.“

Plötzlich drehte sich Syme, der wie blind vor nachdenklichen Gedanken dastand, um und schrie wie ein Mann, der aus dem Schlaf erwacht:

„Wo ist der Colonel? Ich dachte, er wäre bei uns!“

"Der Oberst! Ja“, rief Bull, „wo in aller Welt ist der Colonel?“

„Er ging, um mit Renard zu sprechen“, sagte der Professor.

„Wir können ihn nicht inmitten all dieser Tiere zurücklassen“, rief Syme. „Lasst uns wie Gentlemen sterben, wenn –“

„Haben Sie kein Mitleid mit dem Colonel“, sagte Ratcliffe mit einem blassen Grinsen. „Er fühlt sich äußerst wohl. Er ist-"

"NEIN! NEIN! NEIN!" rief Syme in einer Art Raserei, „nicht auch der Colonel! Ich werde es nie glauben!“

„Wirst du deinen Augen trauen?“ fragte der andere und zeigte auf den Strand.

Viele ihrer Verfolger waren mit geballten Fäusten ins Wasser gewatet, aber das Meer war rau und sie konnten den Pier nicht erreichen. Zwei oder drei Gestalten standen jedoch am Anfang des steinernen Fußwegs und schienen ihn vorsichtig hinunterzugehen. Der Schein einer zufälligen Laterne erhellte die Gesichter der beiden vordersten. Ein Gesicht trug eine schwarze Halbmaske, und darunter drehte sich der Mund so nervös, dass sich das schwarze Bartbüschel wie ein ruheloses, lebendiges Wesen hin und her bewegte. Das andere war das rote Gesicht und der weiße Schnurrbart von Oberst Ducroix . Sie waren in ernsthafter Beratung.

„Ja, er ist auch weg“, sagte der Professor und setzte sich auf einen Stein. „Alles ist weg. Ich bin weg! Ich kann meiner eigenen Körpermaschinerie nicht vertrauen. Ich habe das Gefühl, als würde meine eigene Hand hochfliegen und mich treffen.“

„Wenn meine Hand hochfliegt“, sagte Syme, „wird sie jemand anderen treffen“, und er schritt den Pier entlang auf den Colonel zu, das Schwert in der einen und die Laterne in der anderen.

Als wollte er die letzte Hoffnung oder den letzten Zweifel zerstören, richtete der Oberst, der ihn kommen sah, seinen Revolver auf ihn und feuerte. Der Schuss verfehlte Syme, traf aber sein Schwert und brach es am Heft ab. Syme stürmte weiter und schwang die eiserne Laterne über seinem Kopf.

„Judas vor Herodes!" sagte er und schlug den Oberst auf die Steine. Dann wandte er sich an den Sekretär, dessen schrecklicher Mund jetzt fast schäumte, und hielt die Lampe mit einer so starren und fesselnden Geste hoch, dass der Mann für einen Moment wie erstarrt war und gezwungen war, zuzuhören.

„Sehen Sie diese Laterne?" rief Syme mit schrecklicher Stimme. „Sehen Sie das darauf geschnitzte Kreuz und die Flamme darin? Du hast es nicht geschafft. Du hast es nicht angezündet. Bessere Männer als Sie, Männer, die glauben und gehorchen konnten, haben die Eingeweide aus Eisen verdreht und die Legende vom Feuer bewahrt. Es gibt keine Straße, auf der du gehst, es gibt keinen Faden, den du trägst, der nicht so hergestellt wurde wie diese Laterne, indem du deine Philosophie von Schmutz und Ratten leugnetest. Du kannst nichts machen. Du kannst nur zerstören. Du wirst die Menschheit zerstören; Du wirst die Welt zerstören. Lass das genügen. Doch diese eine alte christliche Laterne sollst du nicht zerstören. Es wird dorthin gelangen, wo Ihr Affenimperium niemals den Verstand haben wird, es zu finden."

Er schlug den Sekretär einmal mit der Laterne, so dass er taumelte; und dann ließ er es, indem er es zweimal um seinen Kopf wirbelte, weit hinaus aufs Meer fliegen, wo es wie eine dröhnende Rakete aufflammte und abstürzte.

„Schwerter!" schrie Syme und wandte sein flammendes Gesicht den dreien hinter ihm zu. „Lasst uns diese Hunde angreifen, denn unsere Zeit ist gekommen zu sterben."

Seine drei Gefährten folgten ihm mit dem Schwert in der Hand. Symes Schwert war zerbrochen, aber er riss einem Fischer einen Knüppel aus der Faust und warf ihn zu Boden. In einem Augenblick hätten sie sich dem Pöbel ins Gesicht geworfen und wären umgekommen, als eine Unterbrechung kam. Seit Symes Rede hatte der Sekretär wie benommen mit der Hand an seinem gequälten Kopf gestanden; nun nahm er plötzlich seine schwarze Maske ab.

Das so im Lampenlicht geschälte blasse Gesicht zeigte weniger Wut als vielmehr Erstaunen. Er hob mit besorgter Autorität die Hand.

„Es liegt ein Fehler vor", sagte er. "Herr. Syme, ich glaube kaum, dass du deine Position verstehst. Ich verhafte Sie im Namen des Gesetzes."

"Des Gesetzes?" sagte Syme und ließ seinen Stock fallen.

"Sicherlich!" sagte der Sekretär. „Ich bin ein Detektiv von Scotland Yard", und er zog eine kleine blaue Karte aus seiner Tasche.

„Und was glauben Sie, was wir sind?" fragte der Professor und warf die Arme hoch.

„Sie", sagte der Sekretär steif, „sind, wie ich sicher weiß, Mitglieder des Obersten Anarchistischen Rates." Als einer von euch verkleidet, ich —"

Dr. Bull warf sein Schwert ins Meer.

„Es gab nie einen Obersten Anarchistischen Rat", sagte er. „Wir waren alle viele dumme Polizisten, die sich gegenseitig ansahen. Und all diese netten Leute, die uns mit Schrot bombardiert haben, dachten, wir wären die Sprengstoffe. Ich wusste, dass ich mich mit dem Mob nicht irren konnte", sagte er und strahlte über die riesige Menschenmenge, die sich zu beiden Seiten in die Ferne erstreckte. „Vulgäre Menschen sind niemals verrückt. Ich selbst bin vulgär und ich weiß es. Ich gehe jetzt an Land, um allen hier etwas zu trinken zu servieren."

KAPITEL XIII.
Das Streben nach dem Präsidenten

Am nächsten Morgen nahmen fünf verwirrte, aber urkomische Menschen das Boot nach Dover. Der arme alte Colonel hätte vielleicht Grund zur Klage gehabt, da er zunächst gezwungen wurde, für zwei Fraktionen zu kämpfen, die nicht existierten, und dann mit einer Eisenlaterne niedergeschlagen wurde. Aber er war ein großmütiger alter Herr, und da er sehr erleichtert darüber war, dass keine der beiden Parteien etwas mit Dynamit zu tun hatte, verabschiedete er sie mit großer Freundlichkeit auf dem Pier.

Die fünf versöhnten Detectives mussten sich gegenseitig hundert Details erklären. Der Sekretär musste Syme erzählen, wie sie ursprünglich dazu gekommen waren, Masken zu tragen, um als Mitverschwörer auf den vermeintlichen Feind zuzugehen.

Syme musste erklären, wie sie so schnell durch ein zivilisiertes Land geflohen waren. Aber über all diesen Detailfragen, die erklärt werden konnten, erhob sich der zentrale Berg der Materie, die sie nicht erklären konnten. Was hatte das alles zu bedeuten? Wenn sie alle harmlose Offiziere waren, was war dann der Sonntag? Wenn er die Welt nicht erobert hätte, was um alles in der Welt hatte er dann nur vor? Inspektor Ratcliffe war darüber immer noch düster.

„Ich kann das kleine Spiel vom alten Sonntag genauso wenig verstehen wie Sie", sagte er. „Aber was auch immer der Sonntag sonst ist, er ist kein tadelloser Bürger. Verdammt! Erinnerst du dich an sein Gesicht?"

„Ich gebe Ihnen zu", antwortete Syme, „dass ich es nie vergessen konnte."

„Nun", sagte der Sekretär, „ich denke, wir können es bald herausfinden, denn morgen haben wir unsere nächste Generalversammlung." „Sie werden mir entschuldigen", sagte er mit einem ziemlich gespenstischen Lächeln, „dass ich mit meinen Sekretariatsaufgaben gut vertraut bin."

„Ich nehme an, Sie haben Recht", sagte der Professor nachdenklich. „Ich nehme an, wir könnten es von ihm herausfinden; aber ich gestehe, dass ich ein wenig Angst haben sollte, Sunday zu fragen, wer er wirklich ist."

„Warum", fragte der Minister, „aus Angst vor Bomben?"

„Nein", sagte der Professor, „aus Angst, er könnte es mir sagen."

„Lassen Sie uns etwas trinken", sagte Dr. Bull nach einer Pause.

Während ihrer gesamten Reise mit Schiff und Zug waren sie äußerst gesellig, hielten aber instinktiv zusammen. Dr. Bull, der schon immer der Optimist der Partei gewesen war, bemühte sich , die anderen vier davon zu überzeugen, dass die ganze Gesellschaft von Victoria aus dasselbe Kutschertaxi nehmen könne; aber das wurde außer Kraft gesetzt, und sie fuhren in einem Vierradwagen los, mit Dr. Bull auf dem Bock und singend. Sie beendeten ihre Reise in einem Hotel am Piccadilly Circus, um am nächsten Morgen in der Nähe des frühen Frühstücks am Leicester Square zu sein. Doch selbst dann waren die Abenteuer des Tages noch nicht ganz vorbei. Dr. Bull, unzufrieden mit dem allgemeinen Vorschlag, zu Bett zu gehen, war gegen elf Uhr aus dem Hotel geschlendert, um einige der Schönheiten Londons zu sehen und zu probieren. Zwanzig Minuten später kam er jedoch zurück und sorgte für großen Lärm im Saal. Syme, der zunächst versuchte, ihn zu beruhigen, war schließlich gezwungen, seiner Kommunikation mit ganz neuer Aufmerksamkeit zuzuhören.

„Ich sage dir, ich habe ihn gesehen!" sagte Dr. Bull mit großer Betonung.

"Dem?" fragte Syme schnell. „Nicht der Präsident?"

„Nicht so schlimm", sagte Dr. Bull mit unnötigem Gelächter, „nicht so schlimm." Ich habe ihn hier."

„Ist wen hier?" fragte Syme ungeduldig.

„Behaarter Mann", sagte der andere klar, „Mann, der früher ein haariger Mann war – Gogol." Hier ist er", und er zog mit einem widerstrebenden Ellbogen den gleichen jungen Mann vor, der fünf Tage zuvor mit dünnem rotem Haar und blassem Gesicht aus dem Rat marschiert war, der erste aller Schein-Anarchisten, die entlarvt worden waren.

„Warum machst du dir Sorgen um mich?" er weinte. „Sie haben mich als Spion ausgewiesen."

„Wir sind alle Spione!" flüsterte Syme.

„Wir sind alle Spione!" rief Dr. Bull. „Kommen Sie und trinken Sie etwas."

Am nächsten Morgen marschierte das Bataillon der wiedervereinigten Sechs unbeirrt auf das Hotel am Leicester Square zu.

„Das ist fröhlicher", sagte Dr. Bull; „Wir sind sechs Männer und werden einen Mann fragen, was er meint."

„Ich denke, es ist etwas seltsamer", sagte Syme. „Ich glaube, es sind sechs Männer, die einen Mann fragen, was sie meinen."

Schweigend bogen sie auf den Platz ab, und obwohl das Hotel in der gegenüberliegenden Ecke lag, sahen sie sofort den kleinen Balkon und eine Gestalt, die zu groß dafür aussah. Er saß allein mit gesenktem Kopf da und brütete über einer Zeitung. Aber alle seine Ratsmitglieder , die gekommen waren, um ihn abzulehnen, überquerten diesen Platz, als würden sie vom Himmel aus von hundert Augen beobachtet.

Sie hatten viel über ihre Politik gestritten, darüber, ob sie den entlarvten Gogol draußen lassen und diplomatisch beginnen sollten oder ob sie ihn hereinholen und sofort das Schießpulver in die Luft jagen sollten. Der Einfluss von Syme und Bull setzte sich für den letzteren Kurs durch, obwohl der Sekretär sie zuletzt fragte, warum sie Sunday so voreilig angriffen.

„Mein Grund ist ganz einfach", sagte Syme. „Ich greife ihn vorschnell an, weil ich Angst vor ihm habe."

Sie folgten Syme schweigend die dunkle Treppe hinauf und traten alle gleichzeitig in das breite Sonnenlicht des Morgens und das breite Sonnenlicht des Sonntagslächelns.

"Entzückend!" er sagte. „Ich freue mich sehr, Sie alle zu sehen. Was für ein herrlicher Tag es ist. Ist der Zar tot?"

Der Sekretär, der zufällig der Erste war, nahm sich zu einem würdevollen Ausbruch zusammen.

„Nein, Sir", sagte er streng, „es hat kein Massaker gegeben. Ich überbringe Ihnen die Nachricht, dass es keine derart abscheulichen Spektakel geben wird."

„Ekelhafte Spektakel?" wiederholte der Präsident mit einem strahlenden, fragenden Lächeln. „Du meinst Dr. Bulls Brille?"

Der Sekretär würgte für einen Moment, und der Präsident fuhr mit einer Art sanftem Appell fort:

„Natürlich haben wir alle unsere Meinung und sogar unsere Augen, aber sie wirklich vor dem Mann selbst als ekelhaft zu bezeichnen …"

Dr. Bull riss seine Brille ab und zerbrach sie auf dem Tisch.

„Meine Brille ist schamlos", sagte er, „aber ich nicht. Schau dir mein Gesicht an."

„Ich wage zu behaupten, dass es die Art von Gesicht ist, die einem ans Herz wächst", sagte der Präsident, „tatsächlich wächst es einem ans Herz; Und wer bin ich, dass ich mit den wilden Früchten am Baum des Lebens streite? Ich wage zu behaupten, dass es mir eines Tages ans Herz wachsen wird."

„Wir haben keine Zeit für Blödsinn", unterbrach ihn der Sekretär wütend. „Wir haben erfahren, was das alles bedeutet. Wer bist du? Was bist du? Warum hast du uns alle hierher gebracht? Wissen Sie, wer und was wir sind? Sind Sie ein schwachsinniger Mann, der den Verschwörer spielt, oder sind Sie ein kluger Mann, der den Narren spielt? Antworte mir, ich sage es dir."

„Kandidaten", murmelte Sonntag, „müssen nur acht der siebzehn Fragen auf dem Papier beantworten." Soweit ich das beurteilen kann, möchten Sie, dass ich Ihnen sage, was ich bin und was Sie sind, was dieser Tisch ist, was dieser Rat ist und was diese Welt ist, soweit ich weiß. Nun, ich werde so weit gehen, den Schleier eines Geheimnisses zu zerreißen. Wenn Sie wissen wollen, wer Sie sind, dann sind Sie eine Gruppe junger Esel mit sehr guten Absichten."

„Und du", sagte Syme und beugte sich vor, „was bist du?"

"ICH? Was bin ich?" brüllte der Präsident und er stieg langsam in eine unglaubliche Höhe, wie eine riesige Welle, die kurz davor steht, sich über ihnen zu wölben und zu brechen. „Du willst wissen, was ich bin, oder? Bull, Sie sind ein Mann der Wissenschaft. Graben Sie in den Wurzeln dieser Bäume und finden Sie die Wahrheit über sie heraus. Syme, du bist ein Dichter. Starren Sie auf diese Morgenwolken. Aber eines sage ich dir: Du wirst die Wahrheit über den letzten Baum und die höchste Wolke vor der Wahrheit über mich herausgefunden haben. Du wirst das Meer verstehen, und ich werde immer noch ein Rätsel sein; Ihr werdet wissen, was die Sterne sind, und nicht wissen, was ich bin. Seit Anbeginn der Welt haben mich alle Menschen wie ein Wolf gejagt – Könige und Weise, Dichter und Gesetzgeber, alle Kirchen und alle Philosophien. Aber ich bin noch nie gefangen worden, und der Himmel wird einstürzen, sobald ich mich der Bucht zuwende. Ich habe ihnen eine gute Leistung geboten, und das werde ich auch jetzt tun."

Ourang -Outang über die Balustrade des Balkons geschwungen . Doch bevor er sich fallen ließ, zog er sich wie an einer Reckstange wieder hoch, streckte sein großes Kinn über die Kante des Balkons und sagte feierlich:

„Eines möchte ich Ihnen jedoch über mich sagen. Ich bin der Mann im dunklen Raum, der euch alle zu Polizisten gemacht hat."

Damit stürzte er vom Balkon, prallte wie ein großer Gummiball auf die darunter liegenden Steine und rannte zur Ecke der Alhambra, wo er eine Kutsche anrief und hineinsprang. Die sechs Detectives standen angesichts seiner letzten Behauptung wie vom Blitz getroffen und wütend da; Aber als er im Taxi verschwand, kehrten Symes praktische Sinne zurück, und er sprang so rücksichtslos über den Balkon, dass er sich fast die Beine brach, und rief ein anderes Taxi.

Er und Bull sprangen zusammen in das Taxi, der Professor und der Inspektor in ein anderes, während der Sekretär und der verstorbene Gogol gerade noch rechtzeitig in ein drittes kletterten, um den fliegenden Syme zu verfolgen, der den fliegenden Präsidenten verfolgte. Sunday führte sie zu einer wilden Jagd nach Nordwesten, wobei sein Kutscher, offensichtlich unter dem Einfluss von mehr als gewöhnlichen Anreizen, das Pferd mit halsbrecherischer Geschwindigkeit anspornte. Aber Syme hatte keine Lust auf Delikatessen und stand in seinem eigenen Taxi auf und rief: „Stoppt den Dieb!" bis Menschenmengen neben seinem Taxi herliefen und Polizisten anhielten und Fragen stellten. All dies hatte Einfluss auf den Kutscher des Präsidenten, der anfing, zweifelhaft dreinzuschauen und langsamer zu traben. Er öffnete die Falle, um vernünftig mit seinem Fahrgast zu reden, und ließ dabei die lange Peitsche über die Vorderseite des Führerhauses hängen. Sunday beugte sich vor, ergriff es und riss es dem Mann heftig aus der Hand. Dann stand er selbst vor dem Wagen, peitschte das Pferd und brüllte laut, so dass sie wie ein fliegender Sturm durch die Straßen zogen. Durch eine Straße nach der anderen und durch einen Platz nach dem anderen wirbelte dieses absurde Gefährt, in dem das Fahrgeld das Pferd antrieb und der Kutscher verzweifelt versuchte, es anzuhalten. Die anderen drei Taxis folgten ihm (wenn man von einem Taxi überhaupt sprechen darf) wie hechelnde Jagdhunde. Geschäfte und Straßen schossen wie rasselnde Pfeile vorbei.

In höchster Ekstase der Geschwindigkeit drehte sich Sunday auf der Spritzwand, auf der er stand, um, streckte seinen großen grinsenden Kopf aus dem Führerhaus, sein weißes Haar pfiff im Wind und schnitt seinen Verfolgern ein schreckliches Gesicht wie ein kolossaler Bengel. Dann hob er schnell seine rechte Hand, warf Syme einen Papierball ins Gesicht und verschwand. Syme fing das Ding auf, während er es instinktiv abwehrte, und entdeckte, dass es aus zwei zerknitterten Papieren bestand. Einer war an ihn selbst gerichtet, der andere an Dr. Bull, mit einer sehr langen und, was zu befürchten ist, teilweise ironischen Buchstabenfolge hinter seinem Namen. Dr. Bulls Ansprache war jedenfalls erheblich länger als seine Mitteilung, denn die Mitteilung bestand ausschließlich aus den Worten:

jetzt mit Martin Tupper ? "

„Was meint der alte Verrückte?" fragte Bull und starrte auf die Worte. „Was sagt deins, Syme?"

Symes Botschaft war jedenfalls länger und lautete wie folgt:

„Niemand würde eine Einmischung des Erzdiakons mehr bereuen als ich. Ich vertraue darauf, dass es nicht so weit kommen wird. Aber zum letzten Mal: Wo sind deine

Goloschen? Die Sache ist schade, besonders nach dem, was
Onkel gesagt hat."

Der Kutscher des Präsidenten schien sein Pferd einigermaßen unter
Kontrolle zu haben, und die Verfolger gewannen ein wenig, als sie in die
Edgware Road einbogen. Und hier kam es zu etwas, was den Alliierten als
eine von der Vorsehung herbeigeführte Unterbrechung erschien. Verkehr
jeder Art schwankte nach rechts oder links oder hielt an, denn auf der langen
Straße ertönte das unverkennbare Brüllen, das das Feuerwehrauto
ankündigte, das in wenigen Sekunden wie ein dreister Blitz vorbeizog. Aber
so schnell es auch verging, sprang Sunday aus seinem Führerhaus, stürzte
sich auf das Feuerwehrauto, fing es auf, warf sich darauf und wurde gesehen,
wie er in der lärmenden Ferne verschwand und mit dem erstaunten
Feuerwehrmann mit erklärenden Gesten sprach.

"Nach ihm!" heulte Syme. „Er kann jetzt nicht in die Irre gehen. Es ist
unverkennbar, dass es sich um ein Feuerwehrauto handelt."

Die drei Taxifahrer, die einen Moment lang benommen waren, trieben
ihre Pferde an und verringerten leicht den Abstand zwischen ihnen und ihrer
verschwindenden Beute. Der Präsident würdigte diese Nähe, indem er an
den hinteren Teil des Wagens trat, sich wiederholt verneigte, ihm die Hand
küsste und schließlich Inspektor Ratcliffe einen ordentlich gefalteten Zettel
in die Brust warf. Als dieser Herr es nicht ohne Ungeduld öffnete, stellte er
fest, dass darin die Worte standen:

„Flieg sofort. Die Wahrheit über deine Hosentragen ist
bekannt . – EIN FREUND."

Das Feuerlöschfahrzeug war noch weiter nördlich in eine Gegend
eingeschlagen, die sie nicht kannten ; und als es an einer Reihe hoher, von
Bäumen beschatteter Geländer vorbeiführte, waren die sechs Freunde
erschrocken, aber auch etwas erleichtert, als sie sahen, wie der Präsident aus
dem Feuerwehrauto sprang, obwohl sie es nicht konnten, sei es aus einer
anderen Laune heraus oder wegen des zunehmenden Protests seiner
Animateure sehen. Doch bevor die drei Taxis die Stelle erreichen konnten,
war er wie eine riesige graue Katze das hohe Geländer hinaufgeklettert, warf
sich hinüber und verschwand in der Dunkelheit der Blätter.

Syme stoppte mit einer wütenden Geste sein Taxi, sprang aus und sprang
ebenfalls auf die Eskalade. Als er ein Bein über den Zaun hatte und seine
Freunde ihm folgten, wandte er ihnen ein Gesicht zu, das im Schatten ganz
blass leuchtete.

„Was für ein Ort kann das sein?" er hat gefragt. „Kann es das Haus des
alten Teufels sein? Ich habe gehört, dass er ein Haus im Norden Londons
hat."

„Umso besser", sagte der Sekretär grimmig und setzte einen Fuß in einen Halt, „wir werden ihn zu Hause finden."

„Nein, aber das ist es nicht", sagte Syme und zog die Brauen zusammen. „Ich höre die schrecklichsten Geräusche, als würden Teufel lachen und niesen und ihre teuflischen Nasen putzen!"

„Seine Hunde bellen natürlich", sagte der Sekretär.

„Warum sagen wir nicht sein schwarzes Käfergebell!" sagte Syme wütend, „Schnecken bellen! Geranien bellen! Haben Sie jemals einen Hund so bellen gehört?"

Er hielt seine Hand hoch, und aus dem Dickicht ertönte ein langes, knurrendes Brüllen, das unter die Haut zu dringen und das Fleisch zu gefrieren schien – ein tiefes, aufregendes Brüllen, das die Luft um sie herum pochen ließ.

„Die Hunde vom Sonntag wären keine gewöhnlichen Hunde", sagte Gogol und schauderte.

Syme war auf die andere Seite gesprungen, aber er stand immer noch da und lauschte ungeduldig.

„Nun, hören Sie sich das an", sagte er, „ist das ein Hund – irgendjemandes Hund?"

An ihren Ohren ertönte ein heiseres Schreien, als ob etwas protestierte und vor plötzlichem Schmerz schrie ; und dann, in weiter Ferne, wie ein Echo, etwas, das wie ein langes, nasales Trompetensignal klang.

„Nun, sein Haus sollte die Hölle sein!" sagte der Sekretär; „Und wenn es die Hölle ist, gehe ich hinein!" und er sprang fast mit einem Schwung über das hohe Geländer.

Die anderen folgten. Sie durchbrachen ein Gewirr aus Pflanzen und Sträuchern und gelangten auf einen freien Weg. Es war nichts zu sehen, aber Dr. Bull schlug plötzlich seine Hände zusammen.

„Na, ihr Arschlöcher", schrie er, „das ist der Zoo!"

Als sie sich wild nach Spuren ihrer wilden Beute umsahen, kam ein Wärter in Uniform zusammen mit einem Mann in Zivil den Weg entlanggerannt.

„Ist es so gekommen?" keuchte der Torwart.

„Hat was?" fragte Syme.

"Der Elefant!" rief der Wärter. „Ein Elefant ist verrückt geworden und weggelaufen!"

„Er ist mit einem alten Herrn durchgebrannt", sagte der andere Fremde atemlos, „einem armen alten Herrn mit weißem Haar!"

„Was für ein alter Herr?" fragte Syme mit großer Neugier.

„Ein sehr großer und dicker alter Herr in hellgrauer Kleidung", sagte der Wärter eifrig.

„Nun", sagte Syme, „wenn er ein alter Herr dieser besonderen Art ist, wenn Sie ganz sicher sind, dass er ein großer und dicker alter Herr in grauen Kleidern ist, können Sie mir beim Wort vertrauen, dass der Elefant nicht davongelaufen ist." ihn. Er ist mit dem Elefanten davongelaufen. Der Elefant ist nicht von Gott geschaffen und könnte mit ihm davonlaufen, wenn er der Flucht nicht zustimmt. Und, beim Donnerwetter, da ist er!"

Diesmal gab es daran keinen Zweifel. Sauber über die Grasfläche, etwa zweihundert Meter entfernt, lief ein riesiger grauer Elefant mit schrecklichen Schritten, von einer Menge schreiend und vergeblich auf den Fersen verfolgt, mit ausgestrecktem Rüssel so starr wie der Bugspriet eines Schiffes und trompetend wie der Trompete des Untergangs. Auf dem Rücken des brüllenden und stürzenden Tieres saß Präsident Sunday mit der Gelassenheit eines Sultans, trieb das Tier jedoch mit einem scharfen Gegenstand in der Hand zu rasender Geschwindigkeit an.

"Stopp ihn!" schrie die Bevölkerung. „Er wird aus dem Tor sein!"

„Stoppt einen Erdrutsch!" sagte der Hüter. „Er ist aus dem Tor!"

Und noch während er sprach, verkündete ein letztes Krachen und Schreckensgebrüll, dass der große graue Elefant aus den Toren des Zoologischen Gartens ausgebrochen war und wie ein neuer und schneller Omnibus die Albany Street entlang raste.

„Großer Herr!" rief Bull, „Ich hätte nie gedacht, dass ein Elefant so schnell gehen kann. Nun ja, es müssen wieder Hansom-Cabs sein, wenn wir ihn im Blick behalten wollen."

Als sie zum Tor liefen, aus dem der Elefant verschwunden war, erblickte Syme ein grelles Panorama der seltsamen Tiere in den Käfigen, an denen sie vorbeikamen. Hinterher fand er es seltsam, dass er sie so deutlich gesehen hatte. Er erinnerte sich besonders daran, Pelikane gesehen zu haben, mit ihren absurden, herabhängenden Kehlen. Er fragte sich, warum der Pelikan das Symbol der Nächstenliebe war, außer dass es ein gutes Maß an Nächstenliebe brauchte, um einen Pelikan zu bewundern. Er erinnerte sich an einen Nashornvogel, der einfach ein riesiger gelber Schnabel war, an dem ein kleiner Vogel festgebunden war. Das Ganze löste in ihm das Gefühl aus, dessen Lebhaftigkeit er sich nicht erklären konnte, dass die Natur immer ziemlich geheimnisvolle Witze machte. Sunday hatte ihnen gesagt, dass sie ihn verstehen würden, wenn sie die Sterne verstanden hätten. Er fragte sich, ob selbst die Erzengel den Nashornvogel verstanden.

Die sechs unglücklichen Detectives stürzten sich in Taxis und folgten dem Elefanten, der den Schrecken teilte, den er über die langen Straßenabschnitte verbreitete. Diesmal drehte sich Sunday nicht um, sondern bot ihnen die kräftige Dehnung seines bewusstlosen Rückens an, was sie, wenn möglich, noch wütender machte als seine vorherigen Spötteleien. Kurz bevor sie die Baker Street erreichten, wurde er jedoch gesehen, wie er etwas weit in die Luft warf, so wie ein Junge einen Ball macht, der ihn wieder fangen will. Aber bei ihrem Tempo fielen sie weit zurück, nur knapp hinter dem Taxi, in dem sich Gogol befand ; und in der schwachen Hoffnung auf einen Hinweis oder auf einen unerklärlichen Impuls hielt er sein Taxi an, um es aufzunehmen. Es war an ihn selbst adressiert und ein ziemlich sperriges Paket. Bei der Untersuchung stellte sich jedoch heraus, dass der Großteil aus dreiunddreißig ineinander gewickelten Papierstücken ohne Wert bestand. Als die letzte Hülle abgerissen wurde, verwandelte sie sich in einen kleinen Zettel, auf dem stand:

„Ich denke, das Wort sollte ,rosa' lauten."

Der Mann, der einst als Gogol bekannt war, sagte nichts, aber die Bewegungen seiner Hände und Füße waren wie die eines Mannes, der ein Pferd zu neuen Anstrengungen anspornt.

Durch eine Straße nach der anderen, durch ein Viertel nach dem anderen zog das Wunderkind des fliegenden Elefanten, rief Menschenmassen an jedes Fenster und trieb den Verkehr nach links und rechts. Und trotz all dieser wahnsinnigen Werbung schufteten die drei Taxis hinterher, bis man sie schließlich als Teil einer Prozession und vielleicht als Werbung für einen Zirkus betrachtete. Sie gingen so schnell, dass sich die Entfernungen unglaublich verkürzten, und Syme sah die Albert Hall in Kensington, als er glaubte, noch in Paddington zu sein. Das Tier bewegte sich noch schneller und freier durch die leeren, aristokratischen Straßen von South Kensington, und schließlich steuerte es auf den Teil der Skyline zu, wo das riesige Wheel of Earl's Court in den Himmel ragte. Das Rad wurde größer und größer, bis es den Himmel ausfüllte wie das Rad der Sterne.

Das Biest überholte die Taxis. Sie verloren ihn an mehreren Ecken, und als sie eines der Tore der Earl's Court Exhibition erreichten , wurden sie schließlich blockiert. Vor ihnen war eine riesige Menschenmenge; In der Mitte befand sich ein riesiger Elefant, der sich bewegte und zitterte, wie es bei solchen formlosen Kreaturen der Fall ist. Aber der Präsident war verschwunden.

„Wo ist er hingegangen?" fragte Syme und ließ sich zu Boden fallen.

„Der Herr ist in die Ausstellung gestürmt, Sir!" sagte ein Beamter benommen. Dann fügte er mit verletzter Stimme hinzu: „Komischer Herr, Sir. Hat mich gebeten, sein Pferd zu halten, und hat mir das gegeben."

Voller Abscheu hielt er ihm ein gefaltetes Stück Papier hin, mit der Aufschrift: „An den Sekretär des Zentralen Anarchistischen Rates."

Der Sekretär riss es wütend auf und fand darin geschrieben :

„Wenn der Hering eine Meile läuft,
lass den Sekretär lächeln; wenn der Hering versucht zu *fliegen* ,
lass den Sekretär sterben." Rustikales Sprichwort."

„Warum zum Teufel " , begann der Sekretär, „haben Sie den Mann hereingelassen? Kommen Menschen häufig auf wilden Elefanten zu Ihrer Ausstellung? Tun-"

"Sehen!" schrie Syme plötzlich. "Schau dort!"

"Schauen, was?" fragte der Sekretär wütend.

„Sehen Sie sich den Fesselballon an!" sagte Syme und zeigte rasend.

„Warum zum Teufel sollte ich mir einen Fesselballon ansehen?" forderte der Sekretär. „Was ist an einem Fesselballon seltsam?"

„Nichts", sagte Syme, „außer dass es nicht gefangen ist!"

Sie alle richteten ihren Blick auf die Stelle, an der der Ballon an einer Schnur über der Ausstellung schwebte und anschwoll, wie ein Kinderballon. Eine Sekunde später zerbrach die Schnur direkt unter dem Auto, und der losgerissene Ballon schwebte mit der Freiheit einer Seifenblase davon.

„Zehntausend Teufel!" schrie der Sekretär. „Er hat sich darauf eingelassen!" und er schüttelte seine Fäuste in den Himmel.

Der Ballon, der von einem zufälligen Wind getragen wurde, flog direkt über sie, und sie konnten den großen weißen Kopf des Präsidenten sehen, der über die Bordwand blickte und wohlwollend auf sie herabblickte.

„Gott segne meine Seele!" sagte der Professor mit der älteren Art, dass er sich nie von seinem gebleichten Bart und seinem Pergamentgesicht lösen könne. „Gott segne meine Seele! Mir kam es so vor, als ob mir etwas auf den Hut gefallen wäre!"

Er hob eine zitternde Hand und nahm aus dem Regal ein Stück verdrehtes Papier, das er gedankenverloren öffnete, nur um festzustellen, dass darauf der Knoten eines wahren Liebhabers und die Worte geschrieben standen:

„Deine Schönheit hat mich nicht gleichgültig gelassen. – Von
LITTLE SNOWDROP."

Es herrschte eine kurze Stille, und dann sagte Syme und biss sich in den Bart:

„Ich bin noch nicht geschlagen. Das verdammte Ding muss irgendwo runterkommen. Lasst uns ihm folgen!"

KAPITEL XIV.
DIE SECHS PHILOSOPHEN

Über grüne Felder und durch blühende Hecken schufteten sechs schleppende Detektive, etwa fünf Meilen außerhalb von London. Der Optimist der Partei hatte zunächst vorgeschlagen, dem Ballon in Kutschenwagen durch Südengland zu folgen. Letzten Endes war er jedoch von der beharrlichen Weigerung des Ballons, den Straßen zu folgen, und der noch beharrlicheren Weigerung der Taxifahrer, dem Ballon zu folgen, überzeugt. Folglich durchbrachen die unermüdlichen, wenn auch verärgerten Reisenden schwarze Dickichte und pflügten durch gepflügte Felder, bis sich jeder in eine Gestalt verwandelte, die zu abscheulich war, um mit einem Landstreicher verwechselt zu werden. Diese grünen Hügel von Surrey erlebten den endgültigen Zusammenbruch und die Tragödie des bewundernswerten hellgrauen Anzugs, in dem Syme vom Saffron Park aufgebrochen war. Sein Seidenhut war von einem schwingenden Ast über der Nase zerbrochen, seine Rockschöße waren durch festhaltende Dornen bis zur Schulter gerissen, der Lehm Englands war bis zu seinem Kragen bespritzt; aber er trug seinen gelben Bart immer noch mit stiller und wütender Entschlossenheit vorwärts, und seine Augen waren immer noch auf die schwebende Gaskugel gerichtet, die im vollen Abendrot wie eine Sonnenuntergangswolke gefärbt schien.

„Schließlich", sagte er, „ist es sehr schön!"

„Es ist einzigartig und seltsam schön!" sagte der Professor. „Ich wünschte, der scheußliche Gassack würde platzen!"

„Nein", sagte Dr. Bull, „ich hoffe, das wird nicht der Fall sein." Es könnte dem alten Jungen wehtun."

"Verletze ihn!" sagte der rachsüchtige Professor, „tun Sie ihm weh! Nicht so sehr, dass ich ihn verletzen würde, wenn ich mit ihm aufstehen könnte. Kleines Schneeglöckchen!"

„Ich möchte nicht, dass er irgendwie verletzt wird", sagte Dr. Bull.

"Was!" rief der Sekretär bitter. „Glauben Sie die ganze Geschichte darüber, dass er unser Mann im dunklen Raum war? Sunday würde sagen, er war jemand.

„Ich weiß nicht, ob ich es glaube oder nicht", sagte Dr. Bull. „Aber das meine ich nicht. Ich kann mir nicht wünschen, dass der alte Sonntagsballon platzt, weil …"

„Nun", sagte Syme ungeduldig, „weil?"

„Nun, weil er selbst so lustig ist wie ein Ballon", sagte Dr. Bull verzweifelt. „Ich verstehe kein Wort von der Vorstellung, er sei derselbe Mann, der uns allen unsere blauen Karten gegeben hat. Es scheint alles zum Unsinn zu machen. Aber es ist mir egal, wer es weiß, ich hatte immer Mitleid mit dem alten Sunday selbst, so böse er auch war. Als wäre er ein tolles, hüpfendes Baby. Wie kann ich erklären, was meine queere Sympathie war? Es hat mich nicht davon abgehalten, höllisch gegen ihn zu kämpfen! Soll ich es deutlich machen, wenn ich sage, dass ich ihn mochte, weil er so dick war?"

„Das werden Sie nicht", sagte der Sekretär.

„Ich habe es jetzt", rief Bull, „das lag daran, dass er so fett und so leicht war. Genau wie ein Ballon. Wir halten dicke Menschen immer für schwer, aber er hätte gegen eine Sylphe tanzen können. Ich verstehe jetzt, was ich meine. Mäßige Stärke zeigt sich in Gewalt, höchste Stärke zeigt sich in Leichtfertigkeit. Es war wie bei den alten Spekulationen – was würde passieren, wenn ein Elefant wie eine Heuschrecke in den Himmel springen könnte?"

„Unser Elefant", sagte Syme und blickte nach oben, „ist wie eine Heuschrecke in den Himmel gesprungen."

„Und irgendwie", schlussfolgerte Bull, „kann ich nicht umhin, den alten Sonntag zu mögen." Nein, es ist keine Bewunderung der Macht oder so etwas Dummes. Es liegt eine Art Fröhlichkeit in dem Ding, als würde er mit guten Nachrichten nur so strotzen. Haben Sie es nicht auch manchmal an einem Frühlingstag gespürt? Sie wissen, dass die Natur Streiche spielt, aber irgendwie beweist dieser Tag, dass es sich um gutmütige Streiche handelt. Ich habe selbst nie die Bibel gelesen, aber der Teil, über den sie lachen, ist die wörtliche Wahrheit: „Warum springt ihr, ihr hohen Hügel?" Die Hügel springen tatsächlich – zumindest versuchen sie es ... Warum mag ich den Sonntag? ... wie soll ich es dir sagen? ... weil er so ein Bounder ist."

Es herrschte langes Schweigen, und dann sagte der Sekretär mit neugieriger, angespannter Stimme:

„Du kennst Sonntag überhaupt nicht. Vielleicht liegt es daran, dass du besser bist als ich und die Hölle nicht kennst. Ich war ein wilder Kerl und von Anfang an ein wenig krankhaft. Der Mann, der in der Dunkelheit sitzt und uns alle auserwählt hat, hat mich ausgewählt, weil ich das verrückte Aussehen eines Verschwörers hatte – weil mein Lächeln schief wurde und meine Augen düster waren, selbst wenn ich lächelte. Aber es muss etwas in mir gegeben haben, das auf die Nerven all dieser anarchischen Männer reagierte. Denn als ich Sunday zum ersten Mal sah, drückte er mir gegenüber nicht Ihre luftige Vitalität aus, sondern etwas, das sowohl Grobheit als auch Trauriges in der Natur der Dinge liegt. Ich fand ihn rauchend in einem

Zwielichtzimmer, einem Zimmer mit braunen Jalousien, unendlich deprimierender als die freundliche Dunkelheit, in der unser Herr lebt. Er saß dort auf einer Bank, ein riesiger Haufen von einem Mann, dunkel und außer Form. Er hörte all meinen Worten zu, ohne etwas zu sagen oder sich auch nur zu rühren. Ich habe meine leidenschaftlichsten Appelle ausgesprochen und meine beredtesten Fragen gestellt. Dann, nach einer langen Stille, begann das Ding zu zittern, und ich dachte, es würde von einer geheimen Krankheit geschüttelt. Es zitterte wie ein abscheuliches und lebendiges Gelee. Es erinnerte mich an alles, was ich jemals über die Grundkörper gelesen hatte, die den Ursprung des Lebens darstellen – die Klumpen und das Protoplasma der Tiefsee . Es schien die endgültige Form der Materie zu sein, die formloseste und beschämendste. Ich konnte mir nur anhand seines Schauderns sagen , dass es zumindest etwas war, dass solch ein Monster unglücklich sein konnte. Und dann wurde es mir klar, dass der bestialische Berg vor einsamem Lachen erbebte, und das Lachen richtete sich auf mich. Bitten Sie mich, ihm das zu verzeihen? Es ist keine Kleinigkeit, von etwas ausgelacht zu werden, das gleichzeitig niedriger und stärker ist als man selbst.“

„Ihr Jungs übertreibt doch sicher wild“, warf Inspektor Ratcliffe seine klare Stimme ein. „Präsident Sunday ist intellektuell ein schrecklicher Kerl, aber körperlich ist er nicht so ein Barnum-Freak, wie Sie behaupten. Er empfing mich in einem gewöhnlichen Büro, in einem grau karierten Mantel, am helllichten Tag. Er sprach ganz normal mit mir. Aber ich sage Ihnen, was am Sonntag ein wenig gruselig ist. Sein Zimmer ist ordentlich, seine Kleidung ist ordentlich, alles scheint in Ordnung zu sein; aber er ist geistesabwesend. Manchmal erblinden seine großen, hellen Augen ganz. Stundenlang vergisst er, dass du da bist. Nun ist Zerstreutheit bei einem bösen Mann einfach ein bisschen zu schrecklich. Wir betrachten einen bösen Menschen als wachsam. Wir können uns keinen bösen Mann vorstellen, der ehrlich und aufrichtig verträumt ist, denn wir wagen es nicht, an einen bösen Mann zu denken, der mit sich allein ist. Ein geistesabwesender Mann bedeutet einen gutmütigen Mann. Es bedeutet einen Mann, der sich entschuldigen wird, wenn er Sie zufällig sieht . Aber wie willst du einen zerstreuten Mann ertragen, der dich töten wird, wenn er dich zufällig sieht? Das ist es, was die Nerven strapaziert, Abstraktion gepaart mit Grausamkeit. Menschen haben es manchmal gespürt, als sie durch wilde Wälder gingen, und hatten das Gefühl, dass die Tiere dort gleichzeitig unschuldig und erbarmungslos waren. Sie könnten es ignorieren oder töten. Wie würde es Ihnen gefallen, zehn tödliche Stunden in einem Salon mit einem zerstreuten Tiger zu verbringen?“

„Und was hältst du vom Sonntag, Gogol?“ fragte Syme.

„Ich denke grundsätzlich nicht an den Sonntag“, sagte Gogol schlicht, „so wenig wie ich am Mittag in die Sonne starre.“

„Nun, das ist eine Sichtweise", sagte Syme nachdenklich. „Was sagen Sie, Professor?"

Der Professor ging mit gesenktem Kopf und Schleppstock und antwortete überhaupt nicht.

„Wach auf, Professor!" sagte Syme freundlich. „Sagen Sie uns, was Sie vom Sonntag halten."

Der Professor sprach schließlich sehr langsam.

„Ich denke etwas", sagte er, „das ich nicht klar sagen kann. Oder besser gesagt, ich denke etwas, das ich nicht einmal klar denken kann. Aber es ist so etwas. Mein frühes Leben war, wie Sie wissen, etwas zu groß und locker.

das Gesicht von Sunday sah, dachte ich, es sei zu groß – das ist bei jedem der Fall –, aber ich fand es auch zu locker. Das Gesicht war so groß, dass man es nicht fokussieren oder überhaupt ein Gesicht daraus machen konnte. Das Auge war so weit von der Nase entfernt, dass es kein Auge war. Der Mund war so sehr für sich, dass man an ihn für sich denken musste. Das Ganze ist zu schwer zu erklären."

Er hielt einen Moment inne, während er immer noch seinen Stock hinter sich herzog, und fuhr dann fort:

„Aber sagen wir mal so. Als ich nachts eine Straße hinaufging, sah ich eine Lampe, ein beleuchtetes Fenster und eine Wolke, die zusammen ein völlig vollständiges und unverwechselbares Gesicht bildeten. Wenn jemand im Himmel dieses Gesicht hat, werde ich ihn wiedererkennen. Doch als ich ein wenig weiter ging , stellte ich fest, dass es kein Gesicht gab, dass das Fenster zehn Meter entfernt war, die Lampe zehnhundert Meter, die Wolke jenseits der Welt. Nun, das Gesicht von Sunday ist mir entgangen; es lief nach rechts und links davon, so wie solche Zufallsbilder davonlaufen. Und so lässt mich sein Gesicht irgendwie daran zweifeln, ob es überhaupt Gesichter gibt. Ich weiß nicht, ob dein Gesicht, Bulle, ein Gesicht oder eine perspektivische Kombination ist. Vielleicht ist eine schwarze Scheibe Ihrer scheußlichen Brille ganz nah und eine weitere fünfzig Meilen entfernt. Oh, die Zweifel eines Materialisten sind keinen Müll wert. Der Sonntag hat mich die letzten und schlimmsten Zweifel gelehrt, die Zweifel eines Spiritualisten. Ich nehme an, ich bin Buddhist; und Buddhismus ist kein Glaubensbekenntnis, es ist ein Zweifel. Mein armer lieber Bulle, ich glaube nicht, dass du wirklich ein Gesicht hast. Ich habe nicht genug Glauben, um an die Materie zu glauben."

Symes Augen waren immer noch auf die verirrte Kugel gerichtet, die, im Abendlicht gerötet, wie eine rosigere und unschuldigere Welt aussah.

„Ist Ihnen an all Ihren Beschreibungen etwas Merkwürdiges aufgefallen", sagte er? Jeder von euch findet den Sonntag ganz anders, doch jeder von euch kann nur eines finden, mit dem er ihn vergleichen kann – das Universum selbst. Bull findet ihn wie die Erde im Frühling, Gogol wie die Sonne am Mittag. Der Sekretär wird an das formlose Protoplasma erinnert und der Inspektor an die Nachlässigkeit der Urwälder. Der Professor sagt, er sei wie eine sich verändernde Landschaft. Das ist seltsam, aber es ist noch seltsamer, dass ich auch meine seltsame Vorstellung vom Präsidenten hatte, und ich finde auch, dass ich an den Sonntag denke, wie ich an die ganze Welt denke.“

„Komm etwas schneller, Syme“, sagte Bull; „Kümmere dich nicht um den Ballon.“

„Als ich Sunday zum ersten Mal sah“, sagte Syme langsam, „sah ich nur seinen Rücken; und als ich seinen Rücken sah, wusste ich, dass er der schlimmste Mann der Welt war. Sein Nacken und seine Schultern waren brutal wie die eines Affengottes. Sein Kopf hatte eine Haltung, die kaum menschlich war, wie die Haltung eines Ochsen. Tatsächlich hatte ich sofort die abscheuliche Vorstellung, dass dies überhaupt kein Mann, sondern ein in Männerkleidung gekleidetes Tier war.“

„Machen Sie weiter“, sagte Dr. Bull.

„Und dann passierte das Seltsame. Ich hatte seinen Rücken von der Straße aus gesehen, als er auf dem Balkon saß. Dann betrat ich das Hotel, und als ich auf der anderen Seite an ihm vorbeikam, sah ich sein Gesicht im Sonnenlicht. Sein Gesicht machte mir Angst, wie jedem anderen auch; aber nicht weil es brutal war, nicht weil es böse war. Im Gegenteil, es machte mir Angst, weil es so schön war, weil es so gut war.“

„Syme“, rief der Sekretär, „sind Sie krank?“

„Es war wie das Gesicht eines alten Erzengels, gemessen an den heroischen Kriegen. In den Augen lag Lachen und im Mund Ehre und Trauer. Da waren die gleichen weißen Haare, die gleichen großen, grau gekleideten Schultern, die ich von hinten gesehen hatte. Aber als ich ihn von hinten sah , war ich sicher, dass er ein Tier war, und als ich ihn von vorne sah, wusste ich, dass er ein Gott war.“

„Pan“, sagte der Professor verträumt, „war ein Gott und ein Tier.“

„Damals und immer wieder und immer“, fuhr Syme fort, als würde er mit sich selbst reden, „war das für mich das Geheimnis des Sonntags, und es ist auch das Geheimnis der Welt.“ Wenn ich den schrecklichen Rücken sehe, bin ich sicher, dass das edle Gesicht nur eine Maske ist. Wenn ich das Gesicht nur für einen Moment sehe, weiß ich, dass die Rückseite nur ein Scherz ist. Schlecht ist so schlimm, dass wir das Gute nur für einen Unfall halten können; Das Gute ist so gut, dass wir sicher sind, dass das Böse erklärt werden kann. Aber das Ganze erreichte gestern, als ich am Sonntag um das Taxi raste, seinen Höhepunkt und lag die ganze Zeit knapp hinter ihm."

„Hatten Sie damals Zeit zum Nachdenken?" fragte Ratcliffe.

„Zeit", antwortete Syme, „für einen unerhörten Gedanken." Ich war plötzlich von der Vorstellung besessen, dass der blinde, leere Hinterkopf wirklich sein Gesicht war – ein schreckliches, augenloses Gesicht, das mich anstarrte! Und ich bildete mir ein, dass die Gestalt, die vor mir lief, in Wirklichkeit eine Gestalt war, die rückwärts lief und beim Laufen tanzte."

"Schrecklich!" sagte Dr. Bull und schauderte.

„Schrecklich ist nicht das richtige Wort", sagte Syme. „Es war genau der schlimmste Moment meines Lebens. Und doch, zehn Minuten später, als er den Kopf aus dem Taxi steckte und eine Grimasse wie ein Wasserspeier machte, wusste ich, dass er nur wie ein Vater war, der mit seinen Kindern Verstecken spielt."

„Es ist ein langes Spiel", sagte der Sekretär und runzelte die Stirn, als er seine kaputten Stiefel betrachtete.

„Hör mir zu", rief Syme mit außerordentlichem Nachdruck. „Soll ich dir das Geheimnis der ganzen Welt verraten? Es liegt daran, dass wir nur die Rückseite der Welt kennengelernt haben. Wir sehen alles von hinten und es sieht brutal aus. Das ist kein Baum, sondern die Rückseite eines Baumes. Das ist keine Wolke, sondern die Rückseite einer Wolke. Kannst du nicht sehen, dass sich alles beugt und ein Gesicht verbirgt? Wenn wir nur vorne vorbeikommen könnten …"

"Sehen!" schrie Bull lautstark: „Der Ballon kommt herunter!"

Es war nicht nötig, Syme anzurufen, der es nie aus den Augen gelassen hatte. Er sah, wie die große leuchtende Kugel plötzlich am Himmel schwankte, sich wieder aufrichtete und dann wie eine untergehende Sonne langsam hinter den Bäumen versank.

Der Mann namens Gogol, der während all ihrer anstrengenden Reisen kaum gesprochen hatte, warf plötzlich die Hände hoch wie ein verlorener Geist.

"Er ist tot!" er weinte. „Und jetzt weiß ich, dass er mein Freund war – mein Freund im Dunkeln!"

"Tot!" schnaubte der Sekretär. „Sie werden ihn nicht so leicht tot finden. Wenn er aus dem Auto geworfen wurde, werden wir ihn herumrollen sehen wie ein Fohlen, das auf einem Feld herumrollt und zum Spaß mit den Beinen strampelt."

„Seine Hufe klirren", sagte der Professor. „Die Fohlen tun es, und Pan auch."

„Noch einmal schwenken!" sagte Dr. Bull gereizt. „Du scheinst zu glauben, dass Pan alles ist."

„Das ist er", sagte der Professor, „auf Griechisch. Er meint alles."

„Vergessen Sie nicht", sagte der Sekretär und blickte nach unten, „dass er auch Panik meint."

Syme hatte gestanden, ohne die Ausrufe zu hören.

„Es ist da drüben gefallen", sagte er knapp. „Lasst uns ihm folgen!"

Dann fügte er mit einer unbeschreiblichen Geste hinzu:

„Oh, wenn er uns alle betrogen hat, indem er getötet wurde! Es wäre wie eine seiner Lerchen."

Mit neuer Energie schritt er auf die fernen Bäume zu, seine Lumpen und Bänder flatterten im Wind. Die anderen folgten ihm auf eine eher mürrische und zweifelhafte Art und Weise. Und fast im selben Moment wurde allen sechs Männern klar , dass sie nicht allein auf dem kleinen Feld waren.

Über das Rasenquadrat kam ein großer Mann auf sie zu, gestützt auf einen seltsam langen Stab, der einem Zepter ähnelte . Er trug einen schönen, aber altmodischen Anzug mit Kniebundhosen; Seine Farbe war der Farbton zwischen Blau, Violett und Grau, der in bestimmten Schatten des Waldes zu sehen ist. Sein Haar war weißgrau und sah auf den ersten Blick, zusammen mit der Kniebundhose, aus, als wäre es gepudert. Sein Vormarsch verlief sehr ruhig; Ohne den silbernen Reif auf seinem Kopf wäre er vielleicht einer der Schatten des Waldes gewesen.

„Meine Herren", sagte er, „mein Herr hat auf der Straße gleich daneben eine Kutsche für Sie bereitgehalten."

„Wer ist dein Meister?" fragte Syme und stand ganz still.

„Mir wurde gesagt, dass Sie seinen Namen kennen", sagte der Mann respektvoll.

Es herrschte Stille, und dann sagte der Sekretär:

„Wo ist diese Kutsche?"

„Es hat nur ein paar Augenblicke gewartet", sagte der Fremde. „Mein Meister ist gerade erst nach Hause gekommen."

Syme blickte nach links und rechts auf das grüne Feld, auf dem er sich befand. Die Hecken waren gewöhnliche Hecken, die Bäume schienen gewöhnliche Bäume zu sein; Dennoch fühlte er sich wie ein Mann, der im Märchenland gefangen war.

Er musterte den mysteriösen Botschafter von oben bis unten, konnte aber nichts entdecken, außer dass das Fell des Mannes genau die Farbe der violetten Schatten hatte und dass das Gesicht des Mannes genau die Farbe des roten, braunen und goldenen Himmels hatte.

„Zeigen Sie uns den Ort", sagte Syme kurz, und ohne ein Wort drehte sich der Mann im violetten Mantel um und ging auf eine Lücke in der Hecke zu, die plötzlich das Licht einer weißen Straße hereinließ.

Als die sechs Wanderer diese Durchgangsstraße betraten, sahen sie, dass die weiße Straße durch etwas versperrt war, das wie eine lange Reihe von Kutschen aussah, eine solche Reihe von Kutschen, die die Zufahrt zu einem Haus in der Park Lane versperren könnte. An der Seite dieser Kutschen stand eine Reihe prächtiger Diener, alle in der graublauen Uniform gekleidet und alle mit einer gewissen Würde und Freiheit ausgestattet, die normalerweise nicht den Dienern eines Gentleman zu eigen ist, sondern eher den Beamten und Beamten Botschafter eines großen Königs. Es warteten nicht weniger als sechs Waggons, einer für jeden der zerfetzten und elenden Bande. Alle Diener trugen (wie in Hofkleidung) Schwerter, und als jeder Mann in seine Kutsche kroch, zogen sie sie und salutierten mit einem plötzlichen Stahlfeuer.

„Was kann das alles bedeuten?" fragte Bull von Syme, als sie sich trennten. „Ist das wieder ein Sonntagswitz?"

„Ich weiß es nicht", sagte Syme, während er müde in die Kissen seiner Kutsche sank; „Aber wenn ja, dann ist es einer der Witze, über die du sprichst. Es ist ein gutmütiger Mensch."

Die sechs Abenteurer hatten viele Abenteuer erlebt, aber keines hatte sie so völlig umgehauen wie dieses letzte Trostabenteuer. Sie hatten sich alle daran gewöhnt, dass es stürmisch zuging; Doch plötzlich lief alles glatt und überwältigte sie. Sie konnten sich nicht einmal annähernd vorstellen, was die Kutschen waren; Es genügte ihnen zu wissen, dass es sich um Kutschen handelte, und zwar Kutschen mit Kissen. Sie konnten sich nicht vorstellen, wer der alte Mann war, der sie geführt hatte; aber es genügte völlig, dass er sie sicherlich zu den Kutschen geführt hatte.

Syme fuhr völlig verlassen durch die treibende Dunkelheit der Bäume. Es war typisch für ihn, dass er, obwohl er sein bärtiges Kinn wild nach vorn getragen hatte, solange irgendetwas getan werden konnte, als ihm die ganze Angelegenheit aus der Hand genommen wurde, er in einem regelrechten Zusammenbruch auf die Kissen zurückfiel.

Ganz allmählich und ganz undeutlich wurde ihm klar , auf welche reichen Straßen die Kutsche ihn trug. Er sah, dass sie an den steinernen Toren vorbeikamen, die wie ein Park aussahen, und dass sie allmählich einen Hügel hinaufstiegen, der zwar auf beiden Seiten bewaldet, aber etwas geordneter war als ein Wald. Dann begann in ihm, wie bei einem Menschen, der langsam aus einem gesunden Schlaf erwacht, eine Freude an allem zu wachsen. Er hatte das Gefühl, dass die Hecken das waren, was Hecken sein sollten: lebende Mauern; dass eine Hecke wie eine menschliche Armee ist, diszipliniert, aber umso lebendiger. Er sah hohe Ulmen hinter den Hecken und stellte sich vage vor, wie glücklich Jungen dort klettern würden. Dann bog seine Kutsche vom Weg ab und er sah plötzlich und leise, wie eine lange, niedrige Sonnenuntergangswolke, ein langes, niedriges Haus, sanft im milden Licht des Sonnenuntergangs. Alle sechs Freunde verglichen anschließend ihre Notizen und stritten sich ; Aber sie waren sich alle einig, dass der Ort sie auf unerklärliche Weise an ihre Kindheit erinnerte. Entweder war es dieser Ulmenwipfel oder dieser krumme Weg, es war entweder dieses Stück Obstgarten oder die Form eines Fensters; aber jeder von ihnen erklärte, dass er sich an diesen Ort erinnern könne, bevor er sich an seine Mutter erinnern könne.

Als die Kutschen schließlich vor einem großen, niedrigen, höhlenartigen Tor rollten, kam ihnen ein anderer Mann in derselben Uniform, aber mit einem silbernen Stern auf der grauen Brust seines Mantels, entgegen. Diese beeindruckende Person sagte zu dem verwirrten Syme:

„Erfrischungen stehen für Sie auf Ihrem Zimmer bereit.“

Syme, unter dem Einfluss des gleichen hypnotisierenden Schlafes des Staunens, stieg hinter dem respektvollen Diener die große Eichentreppe hinauf. Er betrat eine prächtige Wohnungsflucht, die offenbar speziell für ihn entworfen worden war. Mit dem gewöhnlichen Instinkt seiner Klasse ging er zu einem langen Spiegel, um seine Krawatte gerade zu ziehen oder sein Haar zu glätten; Und da sah er die schreckliche Gestalt, die er war – Blut lief ihm von der Stelle, an der ihn der Ast getroffen hatte, über das Gesicht, sein Haar stand ab wie gelbe Lumpen von struppigem Gras, seine Kleidung war in lange, wehende Fetzen zerrissen. Auf einmal tauchte das ganze Rätsel auf, genauso wie die Frage, wie er dorthin gekommen war und wie er wieder herauskommen sollte. Genau im selben Moment sagte ein Mann in Blau, der zu seinem Diener ernannt worden war, sehr feierlich:

„Ich habe Ihre Kleider rausgelegt, Sir.“

"Kleidung!" sagte Syme sardonisch. „Ich habe keine Kleider außer diesen“, und er hob zwei lange Streifen seines Gehrocks in faszinierenden Girlanden hoch und machte eine Bewegung, als wollte er sich wie ein Ballettmädchen drehen.

„Mein Meister bittet mich zu sagen", sagte der Diener, „dass heute Abend ein Kostümball stattfindet und dass er möchte, dass Sie das Kostüm anziehen, das ich vorbereitet habe." In der Zwischenzeit, Sir, gibt es eine Flasche Burgunder und etwas kalten Fasan, von dem er hofft, dass Sie ihn nicht ablehnen, da es einige Stunden vor dem Abendessen ist."

„Kalter Fasan ist eine gute Sache", sagte Syme nachdenklich, „und Burgunder ist eine verdammt gute Sache." Aber im Grunde möchte ich nicht beides, sondern vielmehr wissen, was zum Teufel das alles bedeutet und was für ein Kostüm Sie für mich vorbereitet haben. Wo ist es?"

Der Diener hob von einer Art Ottomane einen langen pfauenblauen Vorhang ab, der eher der Art eines Dominos ähnelte und auf dessen Vorderseite eine große goldene Sonne prangte und der hier und da mit flammenden Sternen und Halbmonden übersät war.

„Sie sollen als Donnerstag gekleidet sein, Sir", sagte der Kammerdiener etwas freundlich.

„Verkleidet als Donnerstag!" sagte Syme in Meditation. „Das klingt nicht nach einem warmen Kostüm."

„Oh ja, mein Herr", sagte der andere eifrig, „das Donnerstagskostüm ist ziemlich warm, mein Herr. Es reicht bis zum Kinn."

„Nun, ich verstehe nichts", sagte Syme seufzend. „Ich bin so lange an unangenehme Abenteuer gewöhnt, dass mich bequeme Abenteuer umhauen. Dennoch darf ich mich vielleicht fragen, warum ich in einem grünen Kleid, das überall mit Sonne und Mond übersät ist, besonders wie Donnerstag aussehen sollte. Ich glaube, diese Kugeln leuchten auch an anderen Tagen. Ich erinnere mich, dass ich am Dienstag einmal den Mond gesehen habe."

„Bitte um Verzeihung, Herr", sagte der Kammerdiener, „die Bibel hat auch für Sie gesorgt", und mit respektvollem und starrem Finger zeigte er auf eine Passage im ersten Kapitel der Genesis. Syme las es verwundert. Es war der Tag, an dem der vierte Tag der Woche mit der Erschaffung von Sonne und Mond verbunden ist. Hier rechneten sie jedoch mit einem christlichen Sonntag.

„Das wird immer wilder", sagte Syme, als er sich auf einen Stuhl setzte. „Wer sind diese Leute, die kalten Fasan und Burgunder sowie grüne Kleidung und Bibeln liefern? Bieten sie alles?"

„Ja, Sir, alles", sagte der Wärter ernst. „Soll ich dir beim Anziehen deines Kostüms helfen?"

„Oh, häng das Bally-Ding an!" sagte Syme ungeduldig.

Aber obwohl er vorgab, die Mummenschanz zu verachten, verspürte er eine merkwürdige Freiheit und Natürlichkeit in seinen Bewegungen, als das blau-goldene Gewand um ihn herabfiel; Und als er feststellte, dass er ein Schwert tragen musste, löste das einen jungentraum aus. Als er das Zimmer verließ, warf er mit einer Geste die Falten über seine Schulter, sein Schwert ragte schräg hervor und er hatte die ganze Prahlerei eines Troubadours. Denn diese Verkleidungen verbargen nicht, sondern enthüllten.

Kapitel XV.
DER ANKLÄGER

Als Syme den Korridor entlang schritt, sah er den Sekretär am oberen Ende einer großen Treppe stehen. Der Mann hatte noch nie so edel ausgesehen. Er war in ein langes Gewand aus sternenlosem Schwarz gehüllt, in dessen Mitte ein Band oder breiter Streifen aus reinem Weiß fiel, wie ein einzelner Lichtstrahl. Das Ganze sah aus wie ein sehr strenges kirchliches Gewand. Es war für Syme nicht nötig, sein Gedächtnis oder die Bibel zu durchsuchen, um sich daran zu erinnern, dass der erste Tag der Schöpfung lediglich die Erschaffung von Licht aus der Dunkelheit markierte. Allein das Gewand selbst hätte das Symbol angedeutet; und Syme spürte auch, wie perfekt dieses Muster aus reinem Weiß und Schwarz die Seele des blassen und strengen Sekretärs mit seiner unmenschlichen Wahrhaftigkeit und seiner kalten Raserei zum Ausdruck brachte, die ihn so leicht dazu brachten, gegen die Anarchisten Krieg zu führen und dennoch so leicht als einer davon durchzugehen von ihnen. Syme war kaum überrascht, als er bemerkte, dass die Augen dieses Mannes trotz all der Leichtigkeit und Gastfreundschaft ihrer neuen Umgebung immer noch streng waren. Kein Geruch von Bier oder Obstgärten konnte den Sekretär dazu bringen, mit einer vernünftigen Frage aufzuhören.

Hätte Syme sich selbst sehen können, wäre ihm klar geworden , dass auch er zum ersten Mal er selbst zu sein schien und niemand sonst. Denn wenn der Sekretär für den Philosophen stand, der das ursprüngliche und formlose Licht liebt, war Syme ein Typus des Dichters, der stets danach strebt, das Licht in besondere Formen zu bringen, es in Sonne und Stern aufzuspalten. Der Philosoph mag manchmal das Unendliche lieben; Der Dichter liebt immer das Endliche. Für ihn ist der große Moment nicht die Erschaffung des Lichts, sondern die Erschaffung von Sonne und Mond.

gemeinsam die breite Treppe hinunterstiegen, überholten sie Ratcliffe, der wie ein Jäger in Frühlingsgrün gekleidet war und auf dessen Gewand ein grünes Gewirr von Bäumen zu sehen war. Denn er stand für den dritten Tag, an dem die Erde und die grünen Dinge geschaffen wurden, und sein quadratisches, vernünftiges Gesicht mit seinem nicht unfreundlichen Zynismus schien dazu angemessen zu sein.

Sie wurden durch ein weiteres breites und niedriges Tor in einen sehr großen alten englischen Garten geführt, der voller Fackeln und Freudenfeuer war und in dessen gebrochenem Licht eine riesige Menschenmenge in bunter Kleidung tanzte . Syme schien jede Form der Natur in einem verrückten Kostüm nachgeahmt zu sehen. Da war ein Mann, der als Windmühle mit riesigen Segeln gekleidet war, ein Mann, der als Elefant gekleidet war, ein

Mann, der als Ballon gekleidet war; Die beiden Letzteren schienen zusammen den Faden ihrer absurden Abenteuer aufrecht zu erhalten. Mit seltsamer Erregung sah Syme sogar einen Tänzer, der wie ein riesiger Nashornvogel gekleidet war und einen Schnabel hatte, der doppelt so groß war wie er selbst – den seltsamen Vogel, der sich wie eine lebende Frage in seiner Fantasie festgesetzt hatte, während er die lange Straße entlang raste Zoologische Gärten. Es gab jedoch tausend andere solcher Objekte. Da war ein tanzender Laternenpfahl, ein tanzender Apfelbaum, ein tanzendes Schiff. Man hätte meinen können, dass die unbezähmbare Melodie eines verrückten Musikers alle üblichen Gegenstände des Feld- und Straßentanzes in eine ewige Stimmung versetzt hätte. Und lange danach, als Syme in mittleren Jahren war und sich ausruhte, konnte er nie eines dieser besonderen Objekte sehen – einen Laternenpfahl, einen Apfelbaum oder eine Windmühle –, ohne zu denken, dass es sich um einen verirrten Nachtschwärmer aus diesem Maskenfest handelte.

Auf einer Seite dieses von Tänzern belebten Rasens befand sich eine Art grüne Bank, wie die Terrasse in solchen altmodischen Gärten.

Entlang dieser standen in einer Art Halbmond sieben große Stühle, die Throne der sieben Tage. Gogol und Dr. Bull saßen bereits auf ihren Plätzen; Der Professor stieg gerade auf. Gogol oder Dienstag ließ seine Einfachheit gut durch ein Kleid symbolisieren , das nach der Teilung des Wassers gestaltet war, ein Kleid, das sich auf seiner Stirn trennte und bis zu seinen Füßen fiel, grau und silbern, wie eine Regenwolke. Der Professor, dessen Tag der Tag war, an dem die Vögel und Fische – die roheren Formen des Lebens – erschaffen wurden, trug ein Kleid aus dunklem Purpur, über dem sich brillenäugige Fische und ausgefallene tropische Vögel ausbreiteten, die in ihm unergründliche Vereinigung von Fantasie und des Zweifels. Dr. Bull, am letzten Tag der Schöpfung, trug einen mit Wappentieren in Rot und Gold bedeckten Mantel und auf seinem Wappen einen zügellosen Mann. Er lehnte sich mit einem breiten Lächeln in seinem Stuhl zurück, das Bild eines Optimisten in seinem Element.

Einer nach dem anderen stiegen die Wanderer das Ufer hinauf und setzten sich auf ihre seltsamen Sitze. Als jeder von ihnen sich hinsetzte, ertönte beim Karneval ein begeistertes Gebrüll, ähnlich dem, mit dem Menschenmengen Könige empfangen. Tassen wurden geklirrt, Fackeln geschüttelt und Federhüte in die Luft geschleudert. Die Männer, denen diese Throne vorbehalten waren, waren mit außergewöhnlichen Lorbeeren gekrönt. Aber der zentrale Stuhl war leer.

Syme war auf der linken Seite und der Sekretär auf der rechten Seite. Der Sekretär blickte über den leeren Thron hinweg zu Syme und sagte mit zusammengepressten Lippen:

„Wir wissen noch nicht, dass er nicht tot auf einem Feld liegt."

Fast als Syme die Worte hörte, sah er auf dem Meer menschlicher Gesichter vor sich eine schreckliche und schöne Veränderung, als hätte sich der Himmel hinter seinem Kopf geöffnet. Aber der Sonntag war nur wie ein Schatten schweigend an der Front vorbeigegangen und hatte auf dem Mittelsitz gesessen. Er war schlicht gekleidet, in ein reines und schreckliches Weiß, und sein Haar war wie eine silberne Flamme auf seiner Stirn.

Lange Zeit – es schien Stunden zu dauern – schwankte und stampfte die riesige Maskerade der Menschheit vor ihnen zu marschierender und jubelnder Musik. Jedes tanzende Paar schien eine eigene Romanze zu sein; es könnte eine Fee sein, die mit einem Säulenkasten tanzt, oder ein Bauernmädchen, das mit dem Mond tanzt; aber in jedem Fall war es irgendwie so absurd wie Alice im Wunderland, aber dennoch so ernst und freundlich wie eine Liebesgeschichte . Doch schließlich begann sich die dichte Menge zu lichten. Paare schlenderten durch die Gartenwege oder schlenderten zum Ende des Gebäudes, wo in riesigen Töpfen, die an Fischkessel erinnerten, heiße und duftende Mischungen aus altem Bier oder Wein rauchten. Über all diesen brüllte auf einer Art schwarzem Gerüst auf dem Dach des Hauses in seinem Eisenkorb ein riesiges Freudenfeuer, das das Land kilometerweit erleuchtete. Es warf den heimeligen Effekt von Feuerschein über die Fläche riesiger grauer oder brauner Wälder und schien selbst die Leere der oberen Nacht mit Wärme zu füllen. Doch auch dies durfte nach einiger Zeit schwächer werden; Die düsteren Gruppen versammelten sich immer mehr um die großen Kessel oder gingen lachend und klappernd in die inneren Gänge dieses alten Hauses. Bald waren nur noch etwa zehn Herumlungerer im Garten; bald nur noch vier. Schließlich rannte der letzte verirrte Spaßmacher ins Haus und jubelte seinen Gefährten zu. Das Feuer erlosch und die langsamen, starken Sterne kamen hervor. Und die sieben fremden Männer blieben allein zurück wie sieben steinerne Statuen auf ihren steinernen Stühlen. Keiner von ihnen hatte ein Wort gesprochen.

Sie schienen es nicht eilig zu haben, sondern hörten schweigend das Summen der Insekten und den fernen Gesang eines Vogels. Dann sprach Sunday, aber so verträumt, dass er eher ein Gespräch hätte fortsetzen wollen, als eins zu beginnen.

„Wir werden später essen und trinken", sagte er. „Lasst uns ein wenig zusammenbleiben, wir, die wir uns so traurig geliebt und so lange gekämpft haben. Ich scheine mich nur an Jahrhunderte heldenhafter Kriege zu erinnern, in denen ihr immer Helden wart – Epos nach Epos, Ilias nach Ilias und ihr immer Waffenbrüder. Ob es noch vor kurzem war (denn Zeit ist nichts) oder zu Beginn der Welt, ich habe dich in den Krieg geschickt. Ich saß in der Dunkelheit, wo es nichts Geschaffenes gibt, und für dich war ich nur eine Stimme, die Tapferkeit und eine unnatürliche Tugend befahl. Du hast die Stimme im Dunkeln gehört und nie wieder gehört. Die Sonne im Himmel leugnete es, die Erde und der Himmel leugneten es, alle menschliche Weisheit leugnete es. Und als ich dich bei Tageslicht traf, habe ich es selbst verleugnet."

Syme bewegte sich heftig auf seinem Sitz, aber ansonsten herrschte Stille und das Unverständliche ging weiter.

„Aber Sie waren Männer. Du hast deine geheime Ehre nicht vergessen , obwohl der ganze Kosmos einen Foltermotor in Gang gesetzt hat, um sie dir aus der Seele zu reißen. Ich wusste, wie nah du der Hölle warst. Ich weiß, wie du am Donnerstag mit König Satan die Schwerter gekreuzt hast und wie du am Mittwoch mich in der Stunde ohne Hoffnung benannt hast."

Im sternenklaren Garten herrschte völlige Stille, und dann drehte sich der schwarzbraune Sekretär unerbittlich in seinem Stuhl zum Sonntag um und sagte mit rauer Stimme:

„Wer und was bist du?"

„Ich bin der Sabbat", sagte der andere, ohne sich zu bewegen. „Ich bin der Friede Gottes."

Der Sekretär fuhr auf und stand da und zerdrückte sein kostbares Gewand in der Hand.

„Ich weiß, was du meinst", rief er, „und genau das kann ich dir nicht verzeihen. Ich weiß, dass Sie Zufriedenheit, Optimismus, wie nennt man das, eine ultimative Versöhnung sind. Nun, ich bin nicht versöhnt. Wenn Sie der Mann im dunklen Raum waren, warum waren Sie dann auch Sonntag, eine Beleidigung für das Sonnenlicht? Wenn du von Anfang an unser Vater und unser Freund warst, warum warst du dann auch unser größter Feind? Wir weinten, wir flohen voller Angst; Das Eisen ist in unsere Seelen eingedrungen – und du bist der Friede Gottes! Oh, ich kann Gott seinen Zorn vergeben, obwohl er Nationen zerstört hat; aber ich kann ihm seinen Frieden nicht vergeben."

Sunday antwortete nicht mit einem Wort, aber ganz langsam wandte er sein steinernes Gesicht Syme zu, als würde er eine Frage stellen.

„Nein", sagte Syme, „ich fühle mich nicht so wild. Ich bin Ihnen dankbar, nicht nur für den Wein und die Gastfreundschaft hier, sondern auch für so manches tolle Getümmel und freie Kämpfe. Aber ich würde es gerne wissen. Meine Seele und mein Herz sind hier so glücklich und ruhig wie in diesem alten Garten, aber mein Verstand schreit immer noch. Ich würde es gerne wissen."

Sunday blickte Ratcliffe an, dessen klare Stimme sagte:

„Es kommt mir so *albern vor*, dass du auf beiden Seiten hättest kämpfen sollen."

Bull sagte:

„Ich verstehe nichts, aber ich bin glücklich. Tatsächlich werde ich schlafen."

„Ich bin nicht glücklich", sagte der Professor mit dem Kopf in den Händen, „weil ich es nicht verstehe. Du hast mich ein wenig zu nahe an die Hölle geraten lassen."

Und dann sagte Gogol mit der absoluten Einfachheit eines Kindes:

„Ich wünschte, ich wüsste, warum ich so verletzt war."

Sunday sagte immer noch nichts, sondern saß nur da, das mächtige Kinn auf die Hand gestützt, und blickte in die Ferne. Dann sagte er endlich:

„Ich habe Ihre Beschwerden der Reihe nach gehört. Und hier, glaube ich, kommt noch einer, der sich beschwert, und wir werden ihn auch hören."

Das fallende Feuer im großen Cresset warf einen letzten langen Schimmer, wie ein Barren aus brennendem Gold, über das trübe Gras. Vor diesem feurigen Band zeichneten sich in völligem Schwarz die vorwärtsschreitenden Beine einer schwarz gekleideten Gestalt ab. Er schien einen schönen engen Anzug mit Kniebundhosen zu tragen, wie ihn die Diener des Hauses trugen, nur dass er nicht blau war, sondern aus diesem absoluten Zobelmuster. Er hatte, wie die Diener, eine Art Schwert an seiner Seite. Erst als er dem Halbmond der Sieben ganz nahe gekommen war und sein Gesicht hochwarf, um sie anzusehen, erkannte Syme mit blitzschneller Klarheit, dass es sich bei dem Gesicht um das breite, fast affenähnliche Gesicht seines alten Mannes handelte Freund Gregory, mit seinem struppigen roten Haar und seinem beleidigenden Lächeln.

„Gregory!" keuchte Syme und erhob sich halb von seinem Sitz. „Na, das ist der wahre Anarchist!"

„Ja", sagte Gregory mit großer und gefährlicher Zurückhaltung, „ich bin der wahre Anarchist."

„„Nun gab es einen Tag"", murmelte Bull, der tatsächlich eingeschlafen zu sein schien, „an dem die Söhne Gottes kamen, um sich vor den Herrn zu stellen, und auch Satan kam unter sie."

„Du hast recht", sagte Gregory und blickte sich um. „Ich bin ein Zerstörer. Ich würde die Welt zerstören, wenn ich könnte."

Ein Gefühl von Pathos tief unter der Erde erwachte in Syme, und er sprach unterbrochen und ohne Reihenfolge.

„Oh, höchst unglücklicher Mann“, rief er, „versuche glücklich zu sein! Du hast rote Haare wie deine Schwester.“

„Mein rotes Haar wird wie rote Flammen die Welt verbrennen“, sagte Gregory. „Ich dachte, ich hasse alles mehr, als gewöhnliche Menschen irgendetwas hassen können; aber ich finde, dass ich nicht alles so sehr hasse, wie ich dich hasse!“

„Ich habe dich nie gehasst“, sagte Syme sehr traurig.

Dann brachen aus diesem unverständlichen Geschöpf die letzten Donner hervor.

"Du!" er weinte. „Du hast nie gehasst, weil du nie gelebt hast. Ich weiß, was Sie alle sind, von Anfang bis Ende – Sie sind die Menschen an der Macht! Ihr seid die Polizei – die großen, dicken, lächelnden Männer in Blau und mit Knöpfen! Du bist das Gesetz, und du wurdest nie gebrochen. Aber gibt es eine freie Seele, die sich nicht danach sehnt, dich zu brechen, nur weil du nie gebrochen wurdest? Wir in der Revolte reden zweifellos allen möglichen Unsinn über dieses oder jenes Verbrechen der Regierung. Es ist alles Torheit! Das einzige Verbrechen der Regierung besteht darin, dass sie regiert. Die unverzeihliche Sünde der höchsten Macht besteht darin, dass sie die höchste ist. Ich verfluche dich nicht dafür, dass du grausam bist. Ich verfluche dich nicht (obwohl ich das könnte), weil du freundlich bist. Ich verfluche dich dafür, dass du in Sicherheit bist! Du sitzt auf deinen steinernen Stühlen und bist nie von ihnen heruntergekommen. Ihr seid die sieben Engel des Himmels und hattet keine Probleme. Oh, ich könnte dir alles verzeihen, du, der du die ganze Menschheit beherrschst, wenn ich einmal spüren könnte, dass du eine Stunde lang so eine echte Qual erlitten hast wie ich –“

Syme sprang auf und zitterte von Kopf bis Fuß.

„Ich sehe alles“, rief er, „alles, was da ist.“ Warum bekriegt sich jedes Ding auf der Erde gegen jedes andere Ding? Warum muss jedes kleine Ding auf der Welt gegen die Welt selbst kämpfen? Warum muss eine Fliege das ganze Universum bekämpfen? Warum muss ein Löwenzahn gegen das ganze Universum kämpfen? Aus dem gleichen Grund, aus dem ich im schrecklichen Rat der Tage allein sein musste. Damit alles, was dem Gesetz gehorcht, den Ruhm und die Isolation des Anarchisten genießen kann. Damit jeder Mann, der für die Ordnung kämpft, ein ebenso mutiger und guter Mann sein kann wie der Dynamiter. Damit die wahre Lüge Satans diesem Gotteslästerer wieder ins Gesicht geschleudert wird, damit wir uns unter Tränen und Folter das Recht verdienen, zu diesem Mann zu sagen:

„Du lügst!" Keine Qual kann zu groß sein, um das Recht zu erkaufen, zu diesem Ankläger zu sagen: „Auch wir haben gelitten."

„Es stimmt nicht, dass wir nie gebrochen wurden. Wir sind am Rad zerbrochen. Es ist nicht wahr, dass wir nie von diesen Thronen herabgestiegen sind. Wir sind in die Hölle hinabgestiegen. Wir beklagten uns über unvergessliches Elend, selbst in dem Moment, als dieser Mann unverschämt hereinkam, um uns des Glücks zu bezichtigen. Ich wehre die Verleumdung ab; wir waren nicht glücklich. Ich kann mich für jeden einzelnen der großen Gesetzeshüter verantworten, den er angeklagt hat. Mindestens-"

Er hatte seine Augen gedreht, um plötzlich das große Gesicht von Sunday zu sehen, das ein seltsames Lächeln trug.

„Haben Sie", rief er mit schrecklicher Stimme, „haben Sie jemals gelitten?"

Als er hinsah, wuchs das große Gesicht zu einer schrecklichen Größe, größer als die kolossale Maske von Memnon, die ihn als Kind zum Schreien gebracht hatte. Es wurde immer größer und füllte den ganzen Himmel; dann wurde alles schwarz. Nur in der Schwärze, bevor es sein Gehirn völlig zerstörte , schien er eine ferne Stimme zu hören, die einen alltäglichen Text sagte, den er irgendwo gehört hatte: „Kannst du aus dem Kelch trinken, aus dem ich trinke?"

Wenn Männer in Büchern aus einer Vision erwachen, befinden sie sich gewöhnlich an einem Ort, an dem sie eingeschlafen sein könnten; Sie gähnen auf einem Stuhl oder erheben sich mit verletzten Gliedmaßen von einem Feld. Symes Erlebnis war psychologisch viel seltsamer, wenn die Dinge, die er durchgemacht hatte, tatsächlich irgendetwas Unwirkliches im irdischen Sinne an sich hatten. Denn während er sich im Nachhinein immer daran erinnern konnte, dass er angesichts des Sonntags ohnmächtig geworden war, konnte er sich nicht erinnern, jemals wieder zu sich gekommen zu sein. Er konnte sich nur daran erinnern, dass er nach und nach und auf natürliche Weise wusste, dass er mit einem lockeren und gesprächigen Begleiter einen Feldweg entlang spazierte. Dieser Begleiter war Teil seines jüngsten Dramas; es war der rothaarige Dichter Gregory. Sie gingen wie alte Freunde und waren mitten in einem Gespräch über irgendeine Kleinigkeit. Aber Syme konnte nur eine unnatürliche Beweglichkeit in seinem Körper und eine kristallene Einfachheit in seinem Geist spüren, die allem, was er sagte oder tat, überlegen zu sein schien. Er hatte das Gefühl, im Besitz einer unmöglichen guten Nachricht zu sein, die alles andere zu einer Trivialität machte, aber zu einer entzückenden Trivialität.

Die Morgendämmerung brach über alles herein, in Farben zugleich, klar und zaghaft; als ob die Natur einen ersten Versuch mit Gelb und einen ersten Versuch mit Rosa gemacht hätte. Eine Brise wehte so rein und süß, dass man nicht glauben konnte, sie wehe vom Himmel; es wehte vielmehr durch irgendein Loch im Himmel. Syme war einfach überrascht, als er auf beiden Seiten der Straße um sich herum die roten, unregelmäßigen Gebäude von Saffron Park aufragen sah. Er hatte keine Ahnung, dass er London so nahe gekommen war. Er ging instinktiv eine weiße Straße entlang, auf der frühe Vögel hüpften und sangen, und befand sich außerhalb eines umzäunten Gartens. Dort sah er die Schwester von Gregory, das Mädchen mit dem goldroten Haar, das vor dem Frühstück Flieder schnitt, mit der großen unbewussten Ernsthaftigkeit eines Mädchens.

9 789359 949154